공

공
부

공 공 부

1판 1쇄 인쇄 2024. 1. 25.
1판 1쇄 발행 2024. 1. 31.

지은이 가지야마 유이치
옮긴이 김성철

발행인 박강휘, 고세규
편집 정선경 디자인 유상현 마케팅 윤준원 홍보 최정은
발행처 김영사
등록 1979년 5월 17일(제406-2003-036호)
주소 경기도 파주시 문발로 197(문발동) 우편번호 10881
전화 마케팅부 031)955-3100, 편집부 031)955-3200 | 팩스 031)955-3111

이 책은 저작권법에 의해 보호를 받는 저작물이므로
저자와 출판사의 허락 없이 내용의 일부를 인용하거나 발췌하는 것을 금합니다.

값은 뒤표지에 있습니다.
ISBN 978-89-349-5125-4 03220

홈페이지 www.gimmyoung.com   블로그 blog.naver.com/gybook
인스타그램 instagram.com/gimmyoung   이메일 bestbook@gimmyoung.com

좋은 독자가 좋은 책을 만듭니다.
김영사는 독자 여러분의 의견에 항상 귀 기울이고 있습니다.

공 空

공부

空

スタディーズ空

가지야마 유이치 梶山雄一 지음

김성철 옮김

김영사

일러두기

1. 본서의 각주는 모두 한국 독자를 위해 역자가 삽입한 것이다.

2. 산스크리트는 ⑤, 팔리어는 ⑫로 표시하였다. 아울러 한역 경전의 출전에서 'TD'는 대정신수대장경을 의미한다.

3. 산스크리트 한글 표기법은 원칙적으로 정승석 표기안(〈불교 원어의 音譯 표기 조사 연구〉, 《가산학보》 4, 1995)에 따랐다. 이 표기안의 가장 큰 특징은 된소리와 대기음 그리고 장음을 표기하지 않는 것이다.

4. 산스크리트 복합어를 구분할 때는 '하이픈(-)'으로 표시하고, 본래 분리할 수 없는 장모음이나 이중 모음을 분리했을 경우는 '언더바(_)'로 표시하였다. 예) tathā-gata, tathā_āgata

5. 티베트어 표기는 버지니아 대학교 '티베트 및 히말라야 도서관(THL, The Tibetan & Himalayan Library)'의 '표준 티베트어 음운 표기법'에 준하여 표기하되, 된소리를 사용하지 않았다. (www.thlib.org/reference/transliteration/#!essay=/thl/phonetics/s/b1)

6. 일본어의 한글 표기법은 국립국어원의 외래어 표기법에 따랐다.

7. 숫자가 포함된 불교용어의 경우, 숫자는 모두 아라비아 숫자로 표기하였다.

8. 본서의 초판《空入門》(春秋社, 1992)에는 참고문헌이 권말에 있었지만, 제목을 바꿔 다시 출간한《スタディーズ空》(春秋社, 2018)에는 참고문헌이 삭제되어 있다. 한국 독자의 편의를 위해 본 개역본에서는 초판에 있던 참고문헌을 다시 실었다.

이 책은 용수(龍樹, Nāgārjuna, 150-250년경)를 중심으로 공사상을 해설한 것입니다. 용수를 중심으로 하기는 했지만, 용수 공사상의 연원으로서 석가모니불(고타마 붓다)의 사상도 제1장 '붓다의 공사상'에서 간결하게 다루었습니다. 저는 용수가 석가모니의 사상을 전제로 그의 사색을 발전시켰다고 생각하기 때문입니다.

용수가 끊임없이 비판한 설일체유부[1]의 '유有의 형이상

---

1 설일체유부(說一切有部, Sarvāsti-vāda)는 상좌부에 속하는 주류불교 부파 중 하나이다. '설일체유부'란 명칭은 이 학파가 모든 것은 존재한다고 주장하기 때문에 붙여진 이름이다. 이 학파는 세계의 근본 구성요소를 75가지 범주로 분류하고, 그 하나하나가 과거·현재·미래에 걸쳐 실체적으로 존재한다고 하는 '삼세실유三世實有·법체항유法體恒有'의 세계관

학'은 용수 사상을 이해하기 위해서 반드시 필요합니다. 그
때문에 이 소승² 학파 철학의 골자, 다시 말하면 그 사고방
식도 제2장 '유의 형이상학'에서 간단히 설명했습니다. 또 용수
사상의 직접적 전제가 된《반야경般若經》에 대해서도 제3장
'대승의 공사상'에서 다루었습니다.

　제4장 이하는 용수 자신의 종교에 대한 기본적 입장과 그 이
론과 사상의 해설에 할애했습니다. 다만 용수의 연기緣起와 윤
회輪廻 사상을 이해하는 데 도움이 되도록 연기와 윤회에 대한
다른 불교학파의 사고방식을 제6장 '연기설의 발전'에 삽입했
습니다. 설일체유부나 용수의 사상은 불교 중에서도 가장 고도
의 철학이기 때문에 기본적으로 난해한 것입니다. 그것을 가능
한 한 알기 쉽게 써보자고 한 것이 이 책의 목적입니다. 실제로

을 주장하였다. 이러한 세계관을 통해 설일체유부는 초기불교 이래 이어
져 온 실천적 무아설을 철학적이고 형이상학적인 방식으로 발전시켰다.
이 학파는 카슈미르 지역을 중심으로 번성하였다. 남방 상좌부와 더불어
가장 방대한 문헌을 남긴 학파로서 동아시아불교에도 큰 영향을 미쳤다.

2　소승小乘이란 '작은 탈 것'이라는 의미로서 '큰 탈 것'을 의미하는 대승불
　교가 성립한 후, 대승불교측에서 기존의 부파불교를 폄훼하여 부르는 명
　칭이다. 일반적으로는 전통적인 18부파 혹은 20부파를 총칭한다. 현대
　에서는 인도불교사에서 부파불교의 위상과 역할을 고려하여 전통불교,
　주류불교 등 객관적 입장에서 부르고 있다.

알기 쉽게 썼는가는 독자의 판단에 맡길 수밖에 없습니다.

중관파

공사상이 용수에 한정된 것만은 아닙니다. 용수의 사상을 계승한 사람들은 스스로 중관파中觀派라고 부르는 학파를 형성했습니다. 이 학파에 의거하여 수많은 학승들이 인도와 티베트, 중국과 일본에서도 활약하고 무수한 저작을 남겼습니다. 또 중관파는 6세기 이후에 자립논증파³와 귀류논증파⁴로 나뉘어 서로 비판했을 뿐만 아니라, 인도 대승불교의 또 다른 강력한 학파인 유가행유식파⁵와 논쟁을 계속했습니다.

---

3 자립논증파(自立論證派, Svātantrika)란 티베트불교에서 인도 중관학파를 분류하는 방식의 하나이다. 이것은 바비베카(Bhāviveka, 淸辨, 490~570)를 시조로 하는 중기 중관학파의 한 계통을 가리킨다. 자립논증이란《중론 中論》을 주석할 때, 주석자 스스로 긍정적 형식의 추론식을 작성해야 한다고 주장했기 때문에 붙여진 이름이다.

4 귀류논증파(歸謬論證派, Prāsaṅgika)란 티베트불교에서 인도 중관학파를 분류하는 방식의 하나이다. 찬드라키르티(Candrakīrti, 月稱, 600~650)를 시조로 하는 중기 중관학파의 한 계통이다.《중론》을 주석할 때, 적극적인 추론식을 세우는 것이 아니라, 상대방의 주장이 오류로 귀결된다는 것을 논증하는 방식을 취하므로 귀류논증파로 불렸다. 티베트에서는 귀류논증파를 정통파로 간주한다.

5 유가행유식파는 중관학파와 더불어 인도 대승불교의 양대 학파 중 하나

8세기 말이 되자 샨타락쉬타[6]가 설일체유부·경량부[7]·유식파의 사상을 최고 진리인 중관에 도달하기 위한 여러 단계로 파악하는 일종의 종합학파를 형성했습니다. 티베트에서는 14세

이다. 유가행파瑜伽行派라고도 불린다. 아상가(Asaṅga, 無著, 395-470)와 바수반두(Vasubandhu, 世親, 400-480) 형제가 창시하였다. 유가행파는 외계의 사물은 존재하지 않고 오직 마음만 존재한다는 유식설唯識說과 잠재의식인 알라야식과 말나식을 도입한 8식설, 그리고 공사상을 발전시킨 3성설을 주장하였다.

6 샨타락쉬타(Śāntarakṣita, 寂護, 725-788)는 후기 중관학파의 대표적 인물이다. 그의 사상은 자립논증파를 계승하고 유가행파와 중관파를 통합하였으므로 유가행중관파로 분류된다. 대표작으로는 《중관장엄론》《진실강요》가 있다. 제자인 파드마삼바바와 더불어 티베트에 불교를 전파하는 데 결정적인 역할을 하였다.

7 경량부(經量部, Sautrāntika)는 설일체유부의 사상에 반대한 일군의 학승을 가리킨다. 경량부라는 이름은 논서가 아니라 경전을 바른 인식 수단으로 삼는 학파라는 뜻이다. 기존의 설일체유부가 경전보다 논서를 중시한 데 대해 경량부는 경전을 더 중시하였으므로 이와 같이 불렸다. 설일체유부 그룹 내에서 정통설인 '삼세실유·법체항유'설을 강력히 비판하고, 현재만 인정하는 극단적인 찰나설, 과거와 미래 비실재설, 유부가 실체라고 주장하는 75법의 비실체설 등을 주장한 일종의 소수파로 존재했던 것으로 보인다. 또한 종자설 등을 주장하여 유가행파로 발전하는 데 초석을 놓았다고 평가하기도 한다. 3세기 말경 쿠마랄라타(Kumāralāta/ Kumāralabdha, 鳩摩羅馱/鳩摩邏多)와 그의 제자 슈릴라타(Śrīlāta, 室利羅多)가 개조라고 알려져 있지만, 독립한 학파로 성립했는지에 대해서는 논란이 있다.

기에 총카파[8]라는 위대한 사상가가 나타나 공사상을 해명했습니다. 극동에서는 5세기 초에 구마라집[9]과 그 제자인 승조[10] 등에 의해 공사상이 중국을 풍미했습니다.

---

8 총카파 롭상닥파(Tsong kha pa Blo bzang grags pa, 1357-1419)는 티베트 최대 종파인 겔룩파dGe lugs pa의 창시자이다. 티베트 동북부 총카 지역 출신으로서, 어려서 출가하여 16세부터 중앙 티베트의 학문사인 사캬사와 나르탕사 등에서 수학하였다. 19세경부터 사캬파의 퀸가펠Kun dga' dpal과 그의 제자 렌다와(Red mda' ba 1349-1412)에게 수학하였다. 총카파는 렌다와에게서 찬드라키르티의 귀류논증법을 배웠을 것으로 추정된다. 저작으로《보리도차제광론(Lam rim chen mo)》《비밀도차제론》등이 있다.

9 구마라집(鳩摩羅什, Kumārajīva, 344-413)은 중앙아시아 쿠차국(현 신장 위구르 지역) 출신의 역경승이다. 아버지는 인도 명문 귀족 출신이고 어머니는 쿠차국 왕의 누이동생이었다. 7세에 어머니를 따라 출가하여 아버지의 고향인 카슈미르에서 대소승을 배운 후 쿠차로 돌아왔다. 384년 쿠차로 쳐들어온 중국 후량後涼의 장군 여광呂光의 포로가 되었다가, 401년 후진의 황제 요흥姚興에게 국사國師로서 영접되어 장안에 왔다. 이후 35부 300여 권의 경론을 번역하였다. 그의 역문은 유려하여 이후 번역에 큰 영향을 미쳤고, 현장玄奘의 신역 이후에도 구역으로서 존중받았다. 대표 번역으로는《법화경》《아미타경》《유마경》《마하반야바라밀경》《대지도론》《중론》등이 있다. 현장과 함께 가장 위대한 역경승으로 간주된다.

10 승조(僧肇, 384-414)는 동진 출신의 승려이다. 원래 도교에 심취하였으나,《유마경》을 읽고 크게 감동하여 구마라집 문하에 출가하여 구마라집의 역경을 도왔다고 한다. 도생道生, 승예僧叡, 도융道融과 더불어 구마라집 문하의 사철四哲로 꼽혔지만, 31세의 나이로 요절하였다. 저서에《조론》등이 있다.

공 공부

그 학파(삼론종[11] 및 사론종)는 일본불교에 큰 영향을 계속 주었습니다. 그리하여 용수는 '8종의 조사'라고까지 불립니다. 이처럼 그의 사상은 다채롭게 발전한 여러 학파의 불교 사상의 근저에 흐르고 있습니다. 이와 같은 중관파와 그에 영향을 받은 불교의 역사를 말하는 것은, 그것이 지극히 중요한 일이라 할지라도, 이 작은 책에서는 불가능한 작업입니다. 이 책에서는 용수만 공사상을 대표하게 하고 용수 이후의 발전은 모두 생략했습니다.

분별과 무분별

공사상뿐만 아니라 불교를 대체로 이해하기 위한 키워드의 하나는 '분별分別' 그리고 그것의 부정형인 '무분별無分別'이라는 말일 것입니다. 분별이라는 말은 누구나 알고 있을 것입니다. 다만 번거로운 것은 우리가 일상생활에서 사용하는 말과 불교 용어로서의 분별은 그 의미가 정반대라는 점입니다.

　여자와 사랑의 도피 행각이라도 하고 있는 남자가 있다면

11　삼론종三論宗은 동아시아에서 성립한 중관 계통의 학파이다. 용수의 저작인 《중론》《십이문론》과 용수의 제자 제바의 《백론》에 주로 의거하였으므로 삼론종이라 불렸다. 길장에 의해 학파로 성립하였다. 세 논서에 《대지도론》을 더해 4론이라고도 하지만 삼론종과 별도의 사론종이 성립한 것은 아니다.

'무분별한 짓을 하지 말라'고 충고합니다. 게으른 아들에게 아버지는 '너도 나이도 먹었으니 분별을 가져라' 하고 야단칠 것입니다. 그때 우리는 이 말을 '세상에 관해 상식적이고 신중한 사고·판단을 가진 것, 또 그 능력(이와나미, 《국어사전》)'이라는 의미로 사용하고 있습니다.

그러나 불교에서 출세간적인 깨달음의 경지를 가리켜 '무분별'이라고 할 때는 그와 같은 세간적 고려나 판단을 넘어선 입장에 의거하고 있습니다. 결국, 예외는 있지만, 불교에서는 일반적으로 분별이란 부정되어야 할, 우리의 미혹된 생존의 근원악으로서 사려와 판단을 가리키는 것입니다.

예외라고 한 것은 용수가 비판해 마지않았던 소승불교 설일체유부(구사종[12])라는 학파에서 분별이라는 말을 지각판단自性分別·사유計度分別·기억隨念分別이라는 세 가지 의미로 사용하고 있는 것입니다. 여기서 분별은 순수 직관을 제외한 인간의 판단과 사유가 섞인 인식을 의미하고 있습니다.

그러므로 설일체유부에서 분별이라고 하는 말의 용법은 우

---

12 구사종俱舍宗은 설일체유부의 대표적인 논서인 세친의 《아비달마구사론》을 주로 연구한 동아시아의 학계를 가리킨다. 현장이 《구사론》을 번역한 후, 신태神泰·보광普光·법보法寶 등이 주석서를 짓는 등 《구사론》 연구가 활발하였으며 이들 전통을 가리킨다. 그러나 다른 종파와 달리 독자적인 종파로 성립한 것이 아닌 학파적 성격이 강하다.

리가 일상생활에서 사용하는 분별의 의미와 통하는 것이 있습니다. 그러나 이 설일체유부 사상은 석가모니의 사상이나 대승불교에서 보면 예외적인 것입니다.

흥미롭게도 5세기 초에 용수의 《중론》을 한역한 구마라집은 제18장 〈관법품觀法品〉 다섯 번째 게송에 나오는 분별vikalpa이라는 말을 '비실非實'이라고 번역하고 있습니다. 그는 이 게송을 "업業과 번뇌煩惱가 멸하기 때문에 그것을 해탈解脫이라고 부른다. 업과 번뇌는 실은 없다. 공에 들어가면 희론戱論이 소멸한다"고 번역했습니다. 본서의 제4장 '용수의 근본 입장'에도 나오는 이 게송의 졸역은 "행위와 번뇌가 다하는 것에서 해탈이 있다. 행위와 번뇌는 판단(분별)에서 발생한다. 그들[판단]은 다양[한 생각]에 의한다. 그리고 다양한 생각은 공성에서 소멸한다"입니다.

구마라집의 '비실非實'은 오역이 아니라 분별이라는 말의 의역입니다. 또 그가 본 텍스트에 차이가 있는 것도 아니라는 사실은, 그가 이 게송에 대한 주석을 번역할 때는, "이 모든 번뇌는 억상분별憶想分別에서 발생하는 것이지 실제로 있는 것은 아니다"라고 한 것에서 알 수 있습니다. 구마라집이 분별을 '비실非實'이라고 번역한 것은 이 말의 세간적 의미와 혼동을 피하기 위한 배려 때문이었다는 것을 알 수 있습니다.

다양한 생각

《중론》제18장 〈관법품〉 다섯 번째 게송에는 분별이라는 말 외에 '희론(다양한 생각)'이라고 하는 중요한 말도 나옵니다. 이 책의 제6장 '연기설의 발전'에서는 불교 최고最古의 경전, 따라서 석가모니의 금구金口를 그대로 전하고 있을 가능성이 가장 높은 경전인《숫타니파타》[13]의 874번째 게송을 인용하고 있습니다. 이 게송은 우리가 가진 여러 가지 번뇌의 궁극적인 원인을 '확장하는 의식(팔리어[14]로는 papañca, 산스크리트[15]로는 prapañca)'

---

13 《숫타니파타(Sutta-nipāta, 經集)》는 팔리 니카야 소부(小部, Khuddaka Nikāya)에 속하는 경전이다. 불교에서 가장 오래된 경전으로 간주된다. 팔리어 '숫타니파타'는 '잘 설해진 말씀(숫타)'의 '모음(니파타)'이라는 의미이다. 〈사품蛇品〉〈소품小品〉〈대품大品〉〈8게품偈品〉〈피안도품彼岸度品〉 등 다섯 품으로 이루어져 있고, 이 중 〈8게품〉과 〈피안도품〉이 가장 오래된 것으로 간주된다. 팔리 니카야의 경장이나 북전의 아함경보다 오래된 것으로 알려져 붓다의 원음에 가장 가까운 경전으로서 중시된다.

14 팔리어(Pāli/Pali)는 남전 상좌부 경전 언어를 가리키는 말이다. 팔리 (Pāli)라는 말의 의미와 어원은 불분명하다. 남전 상좌부 경전 자체에는 '팔리'라는 말은 나타나지 않으며, 주석서에서는 '선' 혹은 '줄'이라고 해석된다. 팔리어는 언어학적으로는 중기 인도어에 속하는 방언의 하나이다. 한때 마가다 지역에서 사용되었던 언어로 간주되었으나, 현재는 서인도에서 유래한 방언이라고 한다. 고유의 문자는 없으며 지역마다 다른 문자로 기록되었다.

15 산스크리트(Sanskrit/Saṃskṛtam)는 인도-아리안어족에 속하는 고대 인도

에서 찾습니다. 그리고 '확장하는 의식'은 '생각[想, 팔리어=ⓟ saññā, 산스크리트=ⓢ samjñā]'에 의해 일어난다고 하고 있습니다. '확장하는 의식'은 나카무라 하지메中村 元 선생의 번역이고, K. R. 노만Norman 선생은 'diversification(다양화)'이라고 번역 하고, 졸역에서는 '다양함', '다양한 생각'으로 되어 있습니다. 모두가 다양한 개념의 발전을 나타내는 말입니다. 결국 사물에 대한 이미지와 개념의 총합이기 때문입니다.

《중론》제18장 〈관법품〉 다섯 번째 게송은 번뇌와 거기에 기 초한 행위는 판단(분별)에 의해 일어나고, 판단은 다양한 생각 에 기초한다고 말하고 있으므로 용수의 사상이 《숫타니파타》 874번째 게송과 호응한다는 것은 의심할 수 없습니다. '다양한 생각'은 모든 것에 실체가 없다는 것, 모든 사물이 공空이고 우 리의 표상이 모두 허망하다는 것을 이해하면 사라지게 됩니다.

의 언어를 가리킨다. 기원전 1500년경부터 제작되기 시작한 베다 산스 크리트와 기원전 500년경 파니니에 의해 체계화된 고전 산스크리트로 크게 나뉜다. 영국 식민지 시절 인도의 언어를 연구하던 유럽 학자에 의 해 발견되어 유럽 여러 언어의 조상어로까지 간주되었으나, 현재는 공통 의 조상어로부터 유럽 여러 언어와 산스크리트어가 파생된 것으로 보는 것이 정설이다. '산스크리트'란 '잘 만들어진' '세련된'이란 의미이다. 힌 두교는 물론 불교와 자이나 등의 종교 문헌은 모두 이 산스트리트어로 제작된 대표적인 고급 성전어이다. 뿐만 아니라 힌두교와 불교의 전파와 더불어 동남아시아 여러 언어의 고급 어휘를 구성하고 있기도 하다.

그것이 해탈로 가는 길이라고 용수는 말하고 있습니다.

주관과 객관의 분기

용수 계통인 중관파와 자웅을 겨룬 다른 대승학파인 유가행유
식파에서는 우리의 오염된 존재의 근원이 되는 인식, 최하층에
있는 잠재의식을 '허망분별16'이라고 말합니다. 이것은 이른바
알라야식17과 같은 것입니다. 이 알라야식이 전개하여 다양화
할 때 주관能取과 객관所取으로 나누어지고, 그렇게 나누어진

---

16 허망분별(虛妄分別, abhūta-parikalpa)이란 존재하지 않는 것[虛妄, abhūta]
을 존재하는 것처럼 상상[分別, parikalpa]하고 집착하는 의식의 작용을
총체적으로 일컫는 말이다. 본래 미륵에게 귀속되는 논서에서 주로 사용
되었으나 세친의 주석에서 알라야식과 동일시 되었다.

17 알라야식(ālaya-vijñāna, 阿賴耶識)은 인도 유가행파가 안·이·비·설·신
·의식이라는 전통적이고 표면적인 6식 외에 심층의식으로 도입한 식이
다. 알라야식의 '알라야(ālaya)'란 '창고' '저장소' 등의 의미하는 말로서
흔히 '장식藏識'이라고 한역된다. 인간이 일생 동안 행하는 업과 번뇌를
씨앗의 형태로 저장하여 다음 생에 전달하는 역할을 하는 식이다. 유가
행파가 도입한 또 다른 잠재의식인 말나식(= 자아의식)은 이 알라야식을
자아라고 집착하는 식이다. 알라야식은 윤회하는 한 폭류처럼 끊임없이
생멸하다가 아라한 단계에서 소멸한다고 한다. 알라야식은 모든 생명이
개별적으로 가진 생명의 기본 구성 요소이자 마음 작용의 밑바탕이다.
나아가 유식설과 결합한 알라야식은 세계의 근본 구성 요소라고도 간주
된다.

것이 우리의 자아의식[染汚意]이나 통상의 사유인 의식과 눈·귀·코·혀·몸에 의한 다섯 가지 지각판단을 발생시킨다고 합니다. 외계 대상의 존재를 부정하는 유식사상에서는 이 주관과 객관의 분기에 의해 전개된 우리의 허망한 인식(자아·중생·표상과 그 대상 등)이 사실상 전 세계입니다. 알라야식 중에 잠재하는 주관과 객관의 분기란 '분별'일 따름입니다.

'분별'이라는 한역은 산스크리트 '비칼파vikalpa'에 잘 어울리는 역어라고 말할 수 있습니다. 분별이란 '나누는 것'을 말합니다. 비칼파는 분기 또는 양자택일 등의 의미도 갖고 있기 때문에 바로 분별인 것입니다. 비칼파에 가장 가까운 현대어를 찾으면 그것은 '판단'입니다. 우리의 판단은 적어도 주사主辭와 빈사賓辭와 계사繫辭라는 세 개의 개념을 필요로 하고, 판단의 집합인 사유는 다수의 개념을 필요로 합니다. 그러므로 판단이나 사유는 다양한 생각, 다양한 개념에 기초한다고 하는 석가모니나 용수의 말은 인식의 분석으로서도 합당하다고 말할 수 있습니다. 또 판단이 대상과 그것을 파악하는 지식, 결국 객관과 주관의 분기를 전제로 한다는 것도 확실합니다.

분별을 넘어선 경지

우리의 분별이 오염된 번뇌와 미혹된 행위의 근원이라는 것은 쉽게 이해되지 않을 것입니다. 저는 이 책 제4장 '용수의 근본 입장'에서 가능한 한 쉽게 그 과정을 설명해 보았습니다. 분별을 부정하고 분별을 넘어선 경지를 추구하는 불교는 해탈이나 깨달음의 세계를 개념과 분리된 순수한 직관의 세계로 간주하고 있음을 알 수 있습니다. 붓다의 법신[18]의 세계는 언어를 초월한 적정寂靜의 경지입니다. 달빛 그 자체와 일체가 된 경지를 언어로 말하는 것이 가능하지는 않겠지만, 이 책은 달을 가리키는 손가락이 되기를 바라고 쓴 것입니다.

---

18 법신法身이란 붓다의 3신(化身·報身·法身) 중 하나이다. 물질적인 신체가 아닌 진리를 인격화한 진리로서의 붓다의 몸을 가리킨다. 법신이란 초기 대승불교에서는 법, 곧 붓다의 가르침을 모은 것(= 身)이라는 의미로서 경전을 가리키는 말이었다. 이 법신은 붓다의 물질적 신체와 그 유골을 가리키는 색신色身보다 우월한 것으로 간주되고 신앙의 대상이 되었다. 이후 대승불교가 발달하고 붓다의 신격화가 진행됨에 따라 법신은 가르침의 모음, 곧 경전이라는 의미를 넘어, 붓다의 물질적 신체와는 다른 진리로서의 신체 혹은 진리 그 자체의 인격화로 간주된다.

공 공부

제1장

붓다의 공사상

'공'(ⓢ śūnyatā, ⓟ suññatā)의 사상이라고 하면, 대승불교 특히 《반야경》이나 용수에 의해 강조된 것이라고 일반적으로는 생각하고 있습니다. 하지만 사실은 《숫타니파타》나 《상윳타 니카야》[1]의 〈유게편有偈篇〉 등 가장 오래된 초기경전 중에서도 공 사상은 나타나고 있습니다. 따라서 그것은 고타마 붓다(석가모니불)의 사상에서 중요한 부분을 이루고 있었다고 생각해도 틀

---

1 《상윳타 니카야》는 팔리 경장 5부 중 세 번째 경전군이다. '상윳타 Saṃyutta'란 '결합' '묶음'이라는 의미로서 상대적으로 짧은 경전을 주제 별로 묶은 경전군이라는 뜻이다. '니카야Nikāya'는 '바구니'라는 뜻으로 경전의 모음을 가리킨다. 상윳타 니카야의 가장 첫 부분이 게송을 동반 한 편, 곧 〈유게편(有偈篇, Sagātha-vagga)〉으로서 니카야 전체를 통틀어 가장 성립이 이른 부분이기도 하다.

림없을 것입니다.

《반야경》의 편집자들이건 용수건 고타마 붓다가 입멸한 후, 시간의 흐름에 따라 그 가르침이 소승불교에 의해 과도하게 해석되거나 결국은 왜곡되어온 것을 바로잡고, 다시 한번 붓다의 진의를 회복하려는 의도 아래 대승운동[2]을 전개하였습니다. 그들은 그 과정에서 공사상을 개혁의 중심에 놓았습니다. 따라서 그들은 공사상이 붓다의 기본적인 교의라고 생각하고 있었음에 틀림없습니다.

이 책 제1장에서는 초기경전에서 붓다의 공사상을 찾아보았습니다. 그리고 붓다의 사상이 왜 불교교의의 이론화, 체계화와 함께 실재론[3]적으로 이해되어 갔는가, 그리하여 대승불교도들

---

2 대승운동은 기원 전후에 인도 각지에서 나타난 새로운 불교운동을 가리킨다. 그들은 기존의 정통 부파 교단을 비판하고 석가모니 붓다 본래의 가르침과 수행 정신으로 돌아갈 것을 주장하였다. 그들은 자신을 석가모니 붓다의 전생을 가리키는 '보살'로 지칭하고, 《팔천송반야》를 비롯한 《십지경》《법화경》《열반경》 등의 많은 대승경전을 제작하였으며, '공사상' '보살사상' '10지 사상' '6바라밀 사상' 등 새로운 사상을 선양하였다. 일본의 히라카와 아키라가 불탑신앙을 중심으로 한 대승불교 재가기원설을 제기하여 폭넓게 받아들여졌으나, 최근에는 출가자 기원설이 유력해지고 있다. 자세한 내용은 개역본 역자 후기를 참조하라.

3 실재론은 인간의 마음 바깥에 객관적인 실재가 존재한다는 사상 일반을 가리키지만, 소박 실재론부터 보편 실재론에 이르기까지 스펙트럼이 넓

이 어떻게 해서 공사상을 재발견하기에 이르는가 하는 것을 문제의 전제로 삼았습니다.

1
무상·무아·공

무상과 무아

'모든 것은 무상無常이다'는 것이 붓다 가르침의 기본이었다는 것은 누구나 인정하고 있습니다. 무상이란 모든 것이 변화하고 소멸해버린다는 사실입니다. 왜 사물이 변화하고 소멸하는가 하면, 모든 것 안에 영원히 자기동일성을 유지하는 본질이나 실체[4]가 없기 때문입니다.

다. 불교에서는 설일체유부의 사상이 대표적이다. 설일체유부는 인간을 마음과 물질로 구분하고 이것을 기본 구성요소까지 분석한 후, 세계 일반에 적용시켜 5위 75법이라는 범주론을 구축한다. 그중 물질은 마음과 독립된 것으로서, 다섯 가지 감각기관과 다섯 가지 인식대상, 그리고 무표색이라는 특수한 색을 포함해 모두 열한 가지로 분류한다.

4   서양철학 용어로서 실체substance는 어원적으로는 '아래에sub' '있는 것stance'을 의미하며, 현상의 배후에 있으면서 자기동일성을 유지하는 변

다시 말하면 사물이 무상이라는 것은 사물이 변하지 않고 소멸하지 않는 실체를 가지고 있지 않다는 것입니다. 그리고 공이란 사실은 사물이 껍데기라거나 존재하지 않는다는 것이 아니라 사물이 변하지 않고 소멸되지 않는 실체 혹은 본질을 갖지 않는다는 것입니다. 그 때문에 무상은 필연적으로 공에 연결됩니다.

실체는 내적인 실체와 외적인 실체로 나눌 수 있습니다. 내적인 실체란 개인의 영혼이고, 외적인 실체란 물질적 개체의 본질입니다. 우리가 '영혼'이라고 할 때, 이 개념은 매우 모호하여 엄밀히 정의되어 있지 않습니다. 따라서 불교에서 말하는 '자아[我, ⓢ ātman, ⓟ attan]'라는 말을 사용하기로 하겠습니다. 자아란 우리 개체 존재의 중핵中核을 이루고 있는, 변하지 않고 소멸하지 않는 정신적 실체라고 하면 좋을 것입니다.

하지 않는 본질을 가리킨다. 데카르트는 실체를 그 자신을 위해 다른 어떤 것도 필요로 하지 않는 것이라고 정의한다. 불교에서 실체實體는 일반적으로는 산스크리트 'dravya'의 번역어로서 언어적 존재가 아닌 실재로 존재하는 것을 가리킨다. 예를 들어 '책상'은 그 구성요소로 분해하면 사라지는 언어적 존재이지만, 그것을 구성하는 궁극적 구성요소인 원자는 실체적 존재이다. 이에 비해 비불교도 가운데서는 '책상'이라는 언어의 대상 또한 실체로서 존재한다고 주장하는 학파도 있다. 설일체유부는 실체를 '자성(自性, svabhāva)'과 동의어로 사용하고 있다. 자성이란 '자기존재' '다른 것과 구별되는 자신만의 고유한 존재성' 등을 의미한다.

후대의 해석이지만 자아는 상주常·단일一·주主·재宰로 정의되고 있습니다. 자아는 상주, 곧 소멸하지 않는 것이고, 단일하여 변하지 않는 실체이며, 인격의 중심적 소유자이고, 지배자라는 의미입니다(처음부터 제3, 제4는 '주재'라고 하나로 묶어서 읽어야 한다는 의견도 있습니다). 마음(의식)은 늘 변화하고 발생하자마자 소멸하는 순간의 흐름이기 때문에 자아와는 전혀 다른 것입니다. 자아는 변화하지 않고 영원히 지속하는 실체이기 때문입니다.

그러나 붓다는 그와 같은 자아는 우리 안에 존재하지 않는다고 가르쳤습니다. 유물론자나 쾌락주의자를 예외로 하고, 붓다 당시의 인도에서는 바라문교[5]의 전통을 이은 우파니샤드[6]의

---

5 바라문교는 고대 인도의 베다 문헌에 근거해 4성 계급 중 제사장 계급인 브라흐마나의 세계관과 사상을 일컫는 말이다. 바라문교는 굽타 왕조 시기의 혁신을 거쳐 힌두교로 발전한다. 하지만 힌두교는 일정한 교리나 제도를 가진 종교라기보다는 인도의 전통적인 생활방식과 문화 전반을 의미하는 것으로 이해되고 있다.

6 우파니샤드란 광의의 베다 문헌을 구성하는 본집·브라흐마나·아란야카에 이은 마지막 부분을 가리킨다. 베다의 끝이라는 의미에서 베단타라고도 불린다. 우파니샤드는 200여 종에 이르지만 그중에서 10여 편 정도가 중시된다. 그중 성립이 빠른 것은 붓다와 거의 동시대로 거슬러 올라가지만 대부분의 우파니샤드는 붓다 이후에 성립하였다. 우파니샤드에 대한 독자적인 해석을 기반으로 성립한 학파가 베단타 학파이다.

철학자들이나 바라문교에 비판적이었던 자유사상가인 많은 사문(沙門, 출가유행자)[7]들도 인격의 주체로서 실체적 자아의 존재를 믿고 있었습니다. 그 때문에 붓다의 자아 부정 사상은 아주 독특한 것이었습니다.

자아란 무엇인가?

원래 '자아'라는 말은 다의적이기 때문에 최초기 초기경전 안에 이 말이 어떤 의미로 사용되고 있었던가는 확실하지 않은 점도 있습니다. 자아라는 말은 앞서 서술한 것처럼 형이상학적인 정신적 실체(영혼)라는 의미로도 사용됩니다. 하지만 자기 자신이라는 의미도 되고, 나(너·그) 자신 등의 의미도 있어 대명사처럼 사용되는 경우도 있습니다. 나아가 본질·실체라는 의미도 갖고 있습니다.

초기경전에 자주 나타나는 anatta(無我)라는 말도, '내가 아닌 것·비아非我'라는 의미도 되고, 내적·외적인 사물의 본질·

---

7 사문이란 기원전 5세기경, 당시 인도의 주류 사상인 베다와 그에 기반한 브라흐만 계급 사회에 반대해, 가정을 버리고 숲에 머물거나 일정한 거처 없이 유행하면서 고행을 닦는 수행자 집단을 가리킨다. 불교 경전에서는 이들 사문 전통을 도덕부정론자(= 쾌락론자)·운명론자·유물론자·원자론자·불가지론자·자이나교도 등 여섯 가지로 언급한다. 이들은 베다에 반대하는 자유사상가로 불린다. 불교도 사문 전통에 속한다.

실체의 비존재라는 의미도 됩니다. 그 때문에 경전에 나타나는 이 말의 엄밀한 의미를 둘러싸고 학자들 사이에 논의가 이루어지기도 합니다. 예를 들면 《숫타니파타》에서는 다음과 같이 말하고 있습니다.

> 보라, 신神과 세상 사람들은 자아가 아닌 것을 자아라고 생각하고 명칭과 형태에 집착하고 있다. 그들은 '이것이야말로 진리다'라고 생각한다.
> 그들이 어떤 것을 어떤 방식으로 생각하더라도 그것은 그 [생각]과는 다른 것이라고 알 수 있다. 그 [생각]은 그것에 대하여 허망하기 때문이다. 지나간 것은 허망한 성질을 가진다.
>
> - 《숫타니파타》 제756-757송

여기서 '자아가 아닌 것을 자아라고'라는 구절은 자아가 아닌 것을 자아로 본다는 의미입니다. 이 구절에 대해서는 반드시 자아의 존재를 부정하고 있는 것이 아니라는 논의도 성립합니다. 그렇다고 이 구절에 대해, 진정한 자아에 대해 자아로 보는 것, 곧 형이상학적인 자아의 존재를 주장하고 있다고 생각하는 것도 옳지 못합니다. 붓다는 다른 학파나 종교처럼 형이상학적인 실체로서의 자아를 적극적으로 정의하거나 그 존재를 주장하거나 하지는 않았기 때문입니다.

명칭과 형태

최초기 불교 경전에서, 언어가 엄밀히 정의되어 있지 않았기 때문에 다양한 해석을 낳은 것은 특별히 자아라는 말에 대해서만 생긴 현상은 아닙니다. 위의 게송 중에서 "자아가 아닌 것을 자아라고 생각하고"라는 말 직후에 나타나는 "명칭과 형태에 집착하고 있다"라는 문구도 사실은 꽤 난해합니다.

'명칭과 형태(nāma-rūpa, 名色)'라는 말은 우파니샤드 이래 이름과 형태를 가진 것, 곧 현상세계의 사물을 총칭하는 호칭이자 이름과 형태를 가진 개개의 사물을 의미하는 말이기도 합니다. 불교는 이 말을 받아들여서 명칭을 정신적 표상, 형태를 신체라는 의미로도 해석했던 것 같습니다(《숫타니파타》에서는 '명칭과 신체nāma-kāya'라는 말도 나타나 있습니다).

후대의 아비달마 불교[8]에서는 명칭과 형태를 5온(개체 존재로서 중생을 구성하는 다섯 가지 요소인 色·受·想·行·識)이라고 이해

---

8 아비달마란 달마, 곧 붓다의 가르침에 대한 주석 문헌을 의미한다. 한역으로는 논장論藏이라 한다. 붓다 열반 이후 여러 부파가 성립하고, 이들은 붓다의 가르침인 경전을 정리하고 주석하는 방식으로 연구하였다. 이 과정에서 탄생한 문헌이 아비달마이다. 이들 부파는 때로는 논장, 곧 아비달마를 경전보다 더 중시하고 진정한 불설로까지 간주하였으므로 부파불교를 아비달마 불교라고도 부르게 되었다. 아비달마 문헌은 대승에도 존재하여 《중론》이 최초의 대승 아비달마 문헌에 해당한다.

하게 되었습니다. 그때 명칭은 감수[受]·표상[想]·의욕[行]·식별작용[識]에 해당하고, 형태는 물질적 존재인 신체[色]에 해당합니다.

이 때문에 위 게송 중에 '명칭과 형태'가 현상일반 가운데 개개의 사물인가 혹은 개별적인 개인으로서 심신인가는 확실치 않습니다. 외계의 개체 존재에 집착한다는 것과 특정한 개인의 심신에 집착한다고 하는 것에는 꽤 커다란 의미 차이가 생길 만도 합니다.

"명칭과 형태에 집착하고 있다"는 구절이 어떤 개인의 심신에 집착하는 것이라면, 이 구절 앞에 있던 "자아가 아닌 것을 자아라고 생각"한다는 것의 한 예로서 심신에 대한 집착을 든 것이 됩니다.

그러나 외계에 있는 개개의 사물에 집착하지 말라는 것이라면, 이 구절은 외계의 사물에 실체가 있다고 집착하는 것을 비판하는 것이고, 더 나아가면 사물은 공空이라는 의미가 됩니다. 앞에서도 말씀드렸듯이 자아라고 하는 말에는 본질 혹은 실체라는 의미도 있기 때문입니다.

후자의 의미로 해석할 여지도 충분히 있습니다. 다음 게송에 나오는, "어떤 것을 어떤 방식으로 생각하더라도 그것은 그 [생각]과는 다른 것이라고 알 수 있다"고 말하는 방식은, 모든 것에 실체가 없기 때문에 그것을 어떻게 정의해도 곧바로 허망하게 된다는 의미가 됩니다. 이는 결국 모든 것이 공이라는 것을 말하고 있다고 해석할 수 있습니다.

《담마파다》[9]의 제221 게송은 "분노를 버려라. 자만심을 제거하라. 모든 속박을 넘어라. 명칭과 형태가 있는 것에 집착하지 않는 무일물無一物인 사람은 모든 괴로움에 휩싸이는 일이 없다(후지타 고타쓰藤田 宏達 역)"고 말하였습니다.

역자도 말하듯이, 여기서 명칭과 형태라는 말은 현상계의 모든 사물을 의미하고 있는 것이라 생각합니다. 《담마파다》는 《숫타니파타》 정도로 오래된 경전은 아니지만, 역시 최초기 경전의 하나로서 많은 용어를 《숫타니파타》와 같은 의미로 사용하고 있다고도 간주됩니다. 따라서 후자에 나타난 '명칭과 형태'를 사물 일반이라는 의미로 이해하는 것도 충분히 가능합니다.

---

9 《담마파다(Dhammapada, 法句經)》는 팔리 니카야 소부에 속하는 경전이다. 팔리어 '담마파다dhammapada'는 '가르침 혹은 진리(담마, dhamma)'의 '문장(파다, pada)'이라는 의미이다. 팔리어 《담마파다》는 주제에 따라 26품으로 나뉘어 있으며 모두 423송의 게송으로 이루어져 있다. 《담마파다》도 매우 초기에 성립한 경전으로서 여러 판본이 있다. 한역으로는 《법구경》《법구비유경》 등의 번역본이 전한다.

$$\underline{2}$$

잊혀진 공사상

초기경전 속의 공

최초기 경전에 대한 해석에는 여러 가지 어려운 점이 있다고 이야기해 왔습니다. 이것은 소승불교도가 붓다의 말씀을 엄밀하게 정의하고 이론체계를 구축하는 과정에서, 때로는 붓다의 진의를 벗어난 지나친 해석에 빠져버렸다는 것과도 관계가 있습니다.

> 항상 주의를 잘 기울여서 세계를 공이라고 관찰하라. 자아가 있다고 하는 견해를 파괴하고, 죽음을 극복하는 것이 가능할 것이다. 이와 같이 세계를 관찰하는 사람을 죽음의 왕은 보지 못한다.
>
> — 《숫타니파타》 제1119송

이 게송에는 '공이라고suññato'라는 말이 분명하게 보입니다. '세계loka'라고 번역한 말은 '세상 사람'도 의미합니다. 그렇다면 "세상 사람을 공이라고 관찰하라. 자아가 있다고 하는 견해를 파괴하고…"라는 의미로도 해석할 수 있습니다. 그러면 《숫타니파타》라는 오랜 경전에서 무아와 공을 같은 식으로 사용하고 있었다고 말할 수 있습니다. 그러나 이 게송은 소박하게 "세계를 공이라고 관찰하라"라고 번역해두는 것이 좋겠습니다.

《숫타니파타》에서 포살라라는 제자가 붓다에게 이렇게 질문하고 있습니다.

> 물질적인 형태rūpa에 대한 생각saññā을 떠나고, 신체를 완전히 버려, 안팎에 "아무것도 존재하지 않는다"라고 보는 사람의 지혜를 저는 묻습니다. 샤카족의 사람이여. 그와 같은 사람은 다시 어떻게 인도되어야 합니까?
>
> - 《숫타니파타》 제1113송

이것은 붓다 자신의 말은 아니지만, 이 제자의 질문에는 모든 것을 공이라고 관찰하는 사람이야말로 여래[10]라고 하는 사상이 확실히 나타나 있습니다.

《담마파다》 제279송을 시작으로 많은 경전에 나오는 문구로 다음과 같은 것이 있습니다.

---

10 여래如來란 붓다의 여러 별명 중 하나이다. 원래는 수행을 통해 열반으로 '그와 같이 간 사람tathā-gata'이라는 의미였지만, 대승불교에서는 중생을 구제하기 위해 이 세상으로 '그와 같이 온 사람'의 의미로 바뀌었다.

모든 사물은 자아[我]가 아니다(모든 사물은 자아[我]를 갖지 않는다).

-《담마파다》제279송

한역에서는 '제법무아諸法無我'로 번역하고 있습니다. 후대에 불교임을 증명하는 세 개의 도장[三法印]이라는 것을 말합니다. 그것은 제행무상諸行無常·제법무아諸法無我·열반적정涅槃寂靜입니다. 한역으로 제법무아라고 할 때 무아란 실체가 없는 것, 다시 말하면 공이라는 것입니다.

경전의 원의는 '(자)아가 아닌 것'이어서 반드시 실체가 없는 것이나 공을 의미하지는 않았다는 논의도 성립합니다. 하지만 직전에 본 것처럼《숫타니파타》최고층에 속하는 제1119 게송에서도 "세계를 공이라고 관찰한다"는 표현과 "자아가 있다는 견해를 파괴한다"는 표현이 나란히 나오는 것을 보면, 무아와 공의 동의성이 불교의 최초기부터 있었다고도 말할 수 있습니다.

무화과나무에서 꽃을 찾[아도 얻을 수 없]는 것처럼 여러 가지 생존 안에 견고한 것sāra을 찾지 않는 수행자는 이 세상과 저 세상을 함께 버린다. 뱀이 탈피한 후 낡은 가죽을 버리듯이.

-《숫타니파타》제5송

'견고한 것'이란 핵·본질 등을 의미하기 때문에 실체와 같은 것입니다. '생존'이란 산스크리트로는 '바바bhava'라 합니다. 그것은 우리가 사는 방식, 생존 방식을 의미합니다. 이 생존에 견고한 것이 없다는 사실은 생존이 바로 공이라고 바꾸어 말할 수 있는 것입니다.

언어에 대한 불신

나중에 용수의 사상을 다룰 때 자세히 말하겠지만, 공사상은 언어에 대한 불신과 밀접히 결부되어 있습니다. 일반적으로 우리가 말하는 본질이란 실은 사물 그 자체에 대한 명칭입니다. 따라서 본질·실체의 부정은 명칭도 실체적으로 존재한다는 사고방식을 부정하는 것과 동일한 것입니다.

그런데 나카무라 하지메 박사가 일찍이 지적한 것처럼 이 언어에 대한 불신은 초기경전 안에서도 최고층에 속하는 《상윳타 니카야》 제1집 '게송을 동반한 모음집[有偈篇]'에 이미 나타나 있습니다.

명칭으로 표현된 것만을 마음속에 생각하고 있는 사람은 명칭으로 표현된 것에만 입각해 있다. 명칭으로 표현된 것[이 거짓이라고] 완전히 이해하지 않으면 그들은 죽음의 지배와 속박에 떨어진다. 그러나 명칭으로 표현된 것을 완전히 이해하고 명칭으로 표현하는 주체가 있다고 생각하지 않으면, 그 사람에게는 죽음의 지배

와 속박이 존재하지 않는다. 그 사람을 더럽혀서 옥에 티(번뇌)로
만드는 것은 이미 그 사람에게는 존재하지 않는다.

- 《상윳타 니카야》 I, 2. 10. 18, Vol. I, p. 11

이와 같은 언어 부정이 초기경전의 아주 고층에 나타나는 것
은 놀랄 만한 일입니다. 그것은 고타마 붓다에게 공사상이 이
미 확립되어 있었음을 보여주는 것이라고 저는 생각합니다.

모든 것은 공

색(색깔과 모양, 물질적 존재)·수(감수)·상(표상)·행(형성작용, 의욕
행위)·식(식별작용)이라는 말은 초기경전의 최고층에는 단편적
으로 그리고 다른 말과 나란히 나옵니다. 이 다섯 단어가 사람
의 심신의 요소로 일단 정리되어 5온 혹은 5취온[11]으로 불리게
된 것은 불제자들에 의해 붓다의 가르침에 대한 교의적 체계화
가 이루어진 후의 일이겠지요. 그렇다고 해도 기원전 2세기 무

---

11 5온(蘊, pañca-kkhandā) 혹은 5취온(取蘊, pañca_upādāna-kkhandā)이란 실
   체적 자아를 부정하는 불교 입장에서, 인간을 구성하는 구성요소를 다
   섯 가지로 나눈 것이다. 5취온에서 취取란 집착의 대상이라는 뜻이다. 곧
   5취온이란 자아로 집착되는 다섯 가지 구성요소라는 의미이다. 5취온은
   일단 인간을 신체와 정신으로 나누고 정신을 다시 감수·표상·의욕·식
   별작용이라는 네 가지로 세분하여 모두 다섯 범주로 만든 것이다.

렴의 일일 겁니다.

사람이라는 개체 존재는 신체와 정신으로 이루어져 있습니다. 그중에서 신체를 색이라고 부르고, 정신을 수·상·행·식이라는 네 가지로 나타낸 것입니다. 이 5온 모두가 공이라는 표현은《상윳타 니카야》에 있습니다.

> 색깔과 모양은 거품과 같다. 감수는 물거품과 같다. 표상은 아지랑이와 같다. 의욕·행위는 파초와 같[이 속이 비었]다. 식별작용은 마술과 같다. 이와 같이 태양의 아들(붓다)이 설하셨다. 명상하면서 그것(심신)을 바르게 고찰하면 [그것은] 실체가 없고rittaka 공허tucchaka하다.
>
> - 《상윳타 니카야》 XXII, 95.15(Vol. III, pp. 142-143

5온은 처음에는 우리의 심신을 나타낸 것이지만, 이윽고 모든 것을 총괄하는 범주가 되었습니다. 그러므로 5온이 공이라는 말은 모든 것이 공이라는 뜻이 됩니다.

공을 멀리하는 비구

지금까지 살펴본 대로 최초기 불교, 다시 말하면 고타마 붓다의 가르침에는 모든 것이 공이라는 사상이 있었다고 결론지어도 좋다고 생각합니다. 그렇지만 이 공사상은 붓다가 입멸한 후, 시간이 지남에 따라 잊혀지게 되었습니다.

비구들이 점차 공의 가르침을 멀리하게 된 사정은 나카무라 박사가 일찍이 지적한 《상윳타 니카야》 산문 부분에 쓰여 있습니다.

> 실로 비구들이여, 미래세에 비구들은 이와 같이 될 것이다. 여래가 설한 그 경전들은 심원하고 의미 깊으며, 세간을 넘어, 공성에 속하는suññata-paṭisaṃyutta 것이다. 그것이 설해졌을 때 [비구들은] 잘 듣지 않을 것이다. 귀를 기울이지 않고 깨닫고자 하는 마음을 일으키지 않을 것이다. 그들은 [그] 가르침을 수지해야만 하고 숙달해야만 하는 것이라고 생각하지 않을 것이다.
>
> - 《상윳타 니카야》 XX, 7. 4-5, Vol. II, p. 267

이것은 미래에 이와 같이 될 것이라는 예언 형태로 써 있지만, 사실은 그 사건의 징후가 나타났을 때 쓴 것이 틀림없습니다. 이것은 매우 놀랄 만한 그리고 정직한 기술이라고 저는 생각합니다.

그러면 왜 공의 가르침을 멀리하고, 일시적으로 유有의 형이상학이 성립하게 되었던가를 생각해봅시다. 다만 앞으로는 주로 설일체유부라고 하는 서북 인도에서 번영했던 소승불교 학파를 중심으로 생각해보고자 합니다.

제2장

유의 형이상학

1

실재의 카테고리

유위와 무위

초기경전에는 "5온이 일체一切이다. 5온은 무상無常하다. 5온은 고苦이다. 5온은 무아無我이다" 하는 표현이 자주 나옵니다. 우리의 심신 및 환경을 구성하고 있는 것, 요컨대 5온은 늘 변화하는 무상한 것입니다. 그 무상한 것에 대해서 '언제까지나 변하지 않는 것으로 있기를'이라며 집착하는 것에서 고苦가 발생합니다. 그와 같이 변화하는 심신 안에 자아라는 불변·영원한 실체가 있을 리가 없다는 취지입니다.

이 경우 5온은 무상한 것 다시 말하면, 원인·조건에 의해 만들어진 것입니다. 전문술어로는 '유위有爲'라는 의미로 사용되고 있었습니다. 그러나 경전에 유위라는 말이 나타났을 때는 당연히 만들어지지 않고 상주·불변하는 '무위無爲'라는 말도 전제하고 있었음에 틀림없습니다. 유위·무위라는 것은 상대적인 대립어이기 때문에 하나가 단독으로 사용될 리는 없기 때문입니다. 그러므로 5온이 유위라고 말해졌을 때는 5온 이외에 무위가 있다고 간주되고 있었을 터입니다.

'만들어진 것'과 '모든 것'

벌써 20년도 전의 일이지만, 저는 사쿠라베 하지메櫻部 建 박사께 가르침을 받고 대단히 감명을 받았던 적이 있습니다. 그것은 아가마āgama, 곧 초기경전에서 이미 3법인[1](제행무상·제법무아·열반적정) 중 두 구절인 '제행무상'과 '제법무아'에 엄밀한 구별이 이루어지고 있었다는 사실입니다. 다시 말하면, 제행무상이라고는 하지만 결코 제법무상이라고는 말하지 않는 것입니다.

---

1 3법인三法印은 법에 찍는 세 가지 도장 혹은 법에 찍혀 있는 세 가지 도장 자국을 의미한다. 원래 3법인의 팔리어 원어 'ti-lakkhaṇa'는 단순히 세 가지 특징이라는 뜻이지만,《대지도론》에서는 이 세 가지 특징이 모든 법에 도장을 찍듯이 존재하므로[以三法印 印諸法故] 법인이라고 한다고 해설한다. 곧 이 세 가지 특징은 모든 법에 찍혀 있는 공통된 특징을 가리킨다.

제행의 행(行, ⓢ saṃskāra, ⓟ saṃkhāra)이란 '만들어진 것'을 의미합니다. 이것은 5온 중의 행(의욕·행위)과 같은 말입니다. 제행무상이라고 할 경우는 넓은 의미로 사용되어 '만들어진 모든 것'이라는 뜻이 됩니다. 만들어진 모든 것, 곧 모든 유위는 변화하고 무상한 것이라는 의미입니다.

그렇다면 왜 제법무상이라고는 말하지 않을까요? 법이란 매우 다의적이어서 정리하기 곤란한 말입니다. 하지만 제법이라고 할 때는 이른바 넓은 의미로 '모든 것' '모든 사물'을 나타냅니다. 모든 것이 무상하다고 할 수는 없습니다. 예를 들면 열반적정이라고 할 때의 열반은 절대 평안이고 영원히 존재하며 만들어지지 않은 것, 곧 무위라고 생각되었습니다. 따라서 열반은 무상이 아닙니다. 그런데 제법, 곧 '모든 것' 안에는 열반이 포함되기 때문에 '모든 것은 무상'이라고는 말할 수 없습니다.

무아, 곧 '자아를 가지지 않은 것'이라는 술어에 관해서는 열반 및 그 외의 어떤 것도 자아는 아니기 때문에 '모든 것'이 주어가 될 수 있습니다. 따라서 제법무아, 곧 '모든 것은 무아이다'라고 할 수 있습니다.

3법인이란 팔리어 성전에서는 정리된 형태로는 나오지 않은 듯하지만, 한역《잡아함경》및 그 외의 아함경에는 '일체행무상一切行無常·일체법무아一切法無我·열반적정涅槃寂靜'이라는 형태로 나와 있습니다. 비구들은 초기경전을 읽는 동안 행과 법이라는 두 개념의 차이를 알아차렸거나 혹은 그 차이를 명확히 하고자 했던 것입니다.

이것은 붓다가 입멸한 지 얼마 후, 비구들이 붓다의 가르침을 이론적으로 정합화하고 교리체계를 만들려고 생각하기 시작한 것, 그리고 세상에는 열반과 같이 변화하지 않고 영원한 것이 있어서 행에는 포함되지 않지만 법에는 포함된다고 생각했던 것을 나타내고 있습니다.

붓다는 때에 따라 듣는 사람에게 맞는 가르침을 설했기 때문에 그 가르침은 단편적이었고, 교리로서 질서를 갖고 있었던 것은 아닙니다. 후대의 불제자들은 붓다의 말씀을 기억하여 입에서 입으로 전승해 갔습니다. 그 과정에서 붓다의 가르침을 정리하고 질서를 부여하여 체계화해 갔던 것은 지극히 자연스러운 것이고 또 그 나름대로 장점도 있었을 것입니다.

인식론적 카테고리

초기경전 안에 비교적 빨리 체계화된 교의로 5온蘊·12처處·18계界라는 범주가 있습니다. 온은 그룹을, 처는 영역을, 계는 종류를 의미하는 말입니다. 세 개념 모두 범주라고 이해하면 틀림없습니다. 5온에 대해서는 이미 간단하게 설명했습니다. 그것은 이른바 존재론의 범주라고 말할 수 있을 것입니다.

12처란 안眼·이耳·비鼻·설舌·신身(신체)·의意라는 6종의 인식기관과 그 대상인 색色(색깔과 형태)·성聲(음성)·향香·미味·촉觸(감촉할 수 있는 것)·법法(생각할 수 있는 것, 생각)이라는 6종을 대응시켜, 12종의 범주로 인간의 인식 세계를 설명한 것입니다. 붓다는 '눈과 색에 의해서 시각[眼識]이 일어난다'고 말씀하셨기 때문에 그것을 6종의 인식기관과 6종의 대상으로 넓혀서 체계화한 것입니다.

18계란 12처에 다시 안식眼識(보는 마음)·이식耳識(듣는 마음)·비식鼻識(냄새 맡는 마음)·설식舌識(맛보는 마음)·신식身識(감촉하는 마음)·의식意識(생각하는 마음)이라는 6종의 인식을 더해 6종의 기관 및 6종의 대상과 합해서 18종으로 하여 12처보다 더 자세히 인식을 분석한 것입니다.

5온·12처·18계는 서로 관련 없는 범주표가 아닙니다. 5온이라는 존재론의 범주를 인식론의 입장에서 재구성한 것이 12처·18계입니다. 18계는 12처를 다시 정밀하게 한 것일 뿐입니다. 설일체유부(이하 '유부'라고 약칭합니다)가 실재론 철학을 구축했을 때는, 주로 18계의 범주를 기초로 연구를 진행했습니다(다음에 5온·12처·18계의 대조표를 제시합니다. 다만 이 표에서는 유부의 특유한 이론인 무표색²은 무시했습니다).

---

2 무표색(無表色, avijñapti-rūpa)이란 드러나지 않는 색이라는 의미로 설일체유부에서 상정하는 독특한 물질 개념이다. 무표색은 신체와 언어로 지

12처		18계		
근	경	식	근	경
안	색(색깔과 모양)	안식	안근	색경
이	성(음성)	이식	이근	성경
비	향	비식	비근	향경
설	미	설식	설근	미경
신	촉(감촉할 수 있는 것)	신식	신근	촉경
의	법(생각할 수 있는 것)	의식	의근	법경

5온·12처·18계 대조표

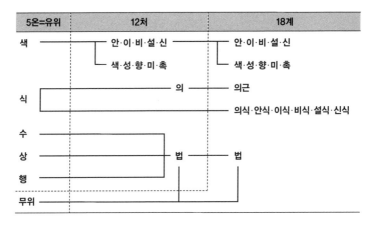

은 업의 여력을 가리킨다. 신체와 언어는 각각 촉과 색이라는 물질을 본 질로 하므로 그것의 여력도 일종의 물질로 간주한 것이다. 아래에서도 설명하지만 설일체유부는 매우 엄격한 범주론을 구축하고 물질적 업이 비물질적 업으로 바뀌는 것을 허용하지 않는다. 따라서 무표색이라는 독 특한 물질 개념을 상정한 것이다. 무표색은 18계 체계에서는 법처에 속 하는 것으로 간주된다.

무아의 증명

5온·12처와 마찬가지로, 18계란 실재하는 것의 범주입니다.
18계의 범주에 속하는 것은 실재하고, 18계의 범주에 속하지
않는 것은 실재하지 않습니다. 예를 들면, 자아는 이 범주표 어
디에도 없습니다. 5온·12처의 어디에도 없습니다. 그렇다면
자아는 실재하지 않는 것입니다.

　사실은 5온·12처·18계라는 실재의 범주가 구성된 것은 자
아가 실재하지 않는 것을 반증하기 위한 것이었습니다. 이 점
에서 이 범주를 정비한 불제자들과 나중에 서술하는 설일체유
부의 실재론은 붓다의 가르침을 계승하여 무아의 논증을 목적
으로 했다고 할 수 있습니다.

카테고리의 문제점

그러나 18계 범주에는 다양한 문제도 포함되어 있습니다. 색色
(색깔과 모양)이라는 물질적 대상과 눈이라고 하는 물질적 시각
기관과 안식(보는 마음)이 접촉해서 시각이 발생합니다. 이하 감
촉할 수 있는 것이라는 대상과 신체라는 물질적 감관과 감촉하
는 마음의 접촉에 의해 촉각이 발생한다고 하는 것까지는 문제
가 없습니다.

　그런데 최후의 계열인 의식·의근·법경에 대해서는 특별한
고려가 필요합니다. 법이란 생각할 수 있는 것입니다. 우리는

지금 눈으로 보고 있는 책상도 생각할 수 있고, 옆방에 있어서 보이지 않는 책상도 생각할 수 있습니다. 또 책상처럼 물질적인 것 외에 개념·공통성·논리라고 하는 추상적인 것과 열반 혹은 공간이라는 만들어지지 않고 영원한 것도 생각할 수 있습니다.

요컨대 법이라는 것은 유위와 무위의 양 영역에 걸쳐 있습니다. 이것은 정확히 앞서 서술한 제행무상과 제법무아의 차이에 대응합니다. 제행이라고 할 때는 유위만을 의미했기 때문에 제행무상이라고 할 수 있지만, 제법이라면 무위도 포함되기 때문에 제법무상이라고는 할 수 없었습니다.

붓다가 입멸한 후에 비구들이 색·수·상·행·식이라는 다섯 가지를 묶어서 5온이라고 했을 때, 그들은 5온을 무상하고, 고통스러운 것이라고 생각했습니다(예를 들면, 《상윳타 니카야》 XXII, 26. 5, Vol.III, p. 28 참조). 다시 말하면, 5온이라는 범주는 유위의 영역에 속하는 것을 가리킵니다.

그것에 대해 12처에는 의식과 법이, 18계에는 의식과 의근과 법경이 들어 있습니다. 때문에 12처와 18계는 유위와 무위의 두 영역에 걸칩니다. 그러므로 5온과 12처·18계는 대응하고 있다고는 해도, 12처와 18계의 경우는 무위(열반·허공 등과 같이, 만들어진 것이 아닌 영원한 것)의 영역을 포함시켜야만 했던 것입니다.

2

유부의 인식론

과거로 지나간 의식

의식·의근·법경이라는 계열에는 다른 문제도 포함되어 있습니다. 책상이라는 색깔과 모양을 눈이라는 감각기관으로 파악하고, 마음으로 인식한다는 것은 알기 쉬운 것입니다. 그러나 열반이라는 지각할 수 없는 대상(법)을 의근이라는 감관으로 파악하여, 그것을 의식으로 생각한다는 것은 잘 이해할 수 없습니다. 의근과 의식은 같은 마음으로서 구별이 없기 때문입니다.

이 문제에 대한 유부의 대답은 다음과 같습니다. 의식은 현재의 마음이지만 의근은 한순간 전에 과거로 지나간 마음(6식)이라는 것입니다. 18계는 모든 인식을 대상과 감관과 마음으로 기계적으로 3분한 것입니다. 때문에 의식·의근·법이라는 범주에서 무리한 점이 발견되는 것입니다. 유부는 고심 끝에 의근을 과거로 지나간, 한 찰나 전의 의식으로 정의하여 현재의 의식과 구별하였습니다.

그러나 고심 끝에 내놓은 발상이라고는 해도, 이것은 대단히 뛰어난 이론이었던 것을 알 수 있습니다. 우리의 현재 인식에는 과거의 인식이나 기억이 반드시 참여하고 있기 때문입니다.

예를 들면 내가 어떤 교실에 들어가서 곧바로 칠판으로 가 분필로 글씨를 쓰기 시작하는 것은 과거에 내가 칠판을 보고 사용한 경험 없이는 있을 수 없습니다. 아기는 교실에 와도 칠판을 인식할 수도 사용할 수도 없습니다.

실제로 의근에 관한 유부의 이론은 나중에 경량부나 유식파에도 받아들여져 큰 역할을 하게 됩니다.

지각과 개념적 사고

인식을 대별하면 두 종류로 나뉩니다. 눈앞 혹은 근처에 있는 것을 보거나 듣는 지각, 곧 더 엄밀하게 말하면 직관과, 보거나 들을 수 없는 것이나 추상적인 대상을 생각하거나 상기하거나 하는 개념적 사고입니다.

5세기경부터 경량부나 유식파의 이론을 배경으로 하여 전개된 불교 인식론에서도 인식을 개념이 섞이지 않은 순수한 직관[現量]과 개념적 사유[比量] 두 가지로 분류하였습니다. 또 서양의 근세철학에서도 지각할 수 있는 것과 사고할 수 있는 것을 구별했습니다. 하지만 유부는 이 두 가지 인식을 엄격하게는 구별하지 않았습니다.

유부는 판단[慧]에는 대상의 본질에 대한 판단[自性分別]과 기억[憶想分別]과 추리[計度分別]라는 세 가지가 있다고 주장합니다. 그리고 안·이·비·설·신이라는 앞의 다섯 가지 인식, 곧 지각에는 대상의 본질에 대한 판단은 있지만 기억과 추리가 없고, 의식, 곧 개념적 사고에는 이 세 가지 판단이 모두 갖추어져 있다고 생각했습니다.

이것은 유부가 지각(직관)과 개념적 사고의 차이를 판단의 정도 차이로 해소하고, 그 두 가지를 본질적으로 다른 것이라고 생각하지 않았음을 보여줍니다. 내가 눈으로 눈앞에 있는 책상을 보고 있는 지각과, 열반이나 공간을 생각하거나 돌아가신 어머니를 상기하거나 내년에 태어날 아기를 생각하는 개념적 사고를 같은 인식이라고 간주한 것입니다.

물질과 개념

여기에는 여러 가지 이유가 있습니다. 하지만 지금은 유부의 철학체계를 설명하는 것이 목적이 아니라, 공사상과 관련되는 한에서 유부의 사고방식을 말하고 있습니다. 따라서 너무 자세하게 다루는 것은 피하고 한 가지 이유만 설명하는 데 그치겠습니다.

18계 범주에서는 안·이·비·설·신에 의한 다섯 가지 지각의 대상은 물질입니다. 여섯 번째 의식의 대상은 물질이 아니라 개념입니다. 지금 내가 눈앞에 있는 책을 보고 있지만 다음 순간에 누군가가 그 책을 옆방에 가지고 가서, 다음 순간에는 보이지 않는 책을 생각하고 있다고 해보지요. 만약 이 두 가지 인식이 전혀 다른 종류의 것이라고 한다면, 앞 순간에 지각의 대상이었던 책이라는 물질이 다음 순간에는 개념, 곧 비물질적인 지식으로 변해버린 것이 됩니다.

물질적 존재와 심리적·지적 존재를 엄격히 구별하는 것이 유부 범주론의 원칙이기 때문에 물질이었던 책이 어느새 책이라는 개념, 곧 지적 존재로 바뀌어버리는 것은 인정되지 않습니다. 만약 그것이 가능하다면, 처음부터 범주론은 성립하지 않습니다. 책은 보이고 있을 때건 단순히 생각되고 있을 때건 항상 같은 물질적 존재이지 않으면 안 됩니다.

(여기서는 자세히 다루지는 않았지만, 유부는 18계 외에 모든 존재를 5종으로 대별하고 그것을 다시 75가지로 세분한 5위 75법이라는 범주표도 갖고 있습니다. 모든 존재는 물질(色, 5根·5境·無表色을 포함한 11종), 마음(1종), 심리작용[心所有法][3](46종), 논리적·언어적 존재 등 심불상응행[4]

---

3 심소유법心所有法이란 마음이 가지고 있는 법이라는 뜻으로 마음과 결합한 여러 가지 심리작용을 가리킨다. 설일체유부에서는 심소유법을 다시 10대지법大地法 10대선지법大善地法 6대번뇌지법大煩惱地法 2대불선지법大不善地法 10소번뇌지법小煩惱地法 8부정지법不定地法 등 모두 46가지로 분류한다.

4 심불상응행心不相應行이란 행온 중에서 마음과 결합하지 않는 행온이라는 의미이다. 수온과 상온을 제외한 심리작용, 곧 심소유법은 심상응행心相應行이라고도 불린다. 심불상응행은 득得과 비득非得, 동분同分, 무상과無想果 및 무상정無想定과 멸진정滅盡定, 명근命根, 생·주·이·멸 등 유위 4상, 명신名身·구신句身·문신文身 등 언어 요소로 분류되며 총 14종이다.

(14종), 무위(3종)로 나뉘고 이 모두를 합하면 75법이 됩니다.

물질적 존재로서의 책은 첫 번째인 색에 포함되고 개념으로서의 책은
네 번째인 논리적·언어적 존재에 포함됩니다. 그러므로 같은 책이 두 범
주에 들어간다면 이 5위 75법은 성립하지 않습니다.)

인식 대상은 실재한다

이와 같은 유부의 사고방식이 삼세실유론三世實有論으로 이끌
고 갔던 것입니다. 유부는 의식 혹은 인식은 반드시 실재하는
대상을 갖는다고 생각합니다. 대상이 없는 인식은 없습니다. 좌
선을 해서 무념무상의 경지가 되면 그 인식에는 대상이 없는
것이 아닌가 하는 의문이 생길지도 모릅니다.

하지만, 열반이나 허공과 같은 비존재조차 일종의 존재로 생
각하는 유부에게는 무념무상의 대상도 존재하는 대상입니다.
내가 눈앞의 책상을 보고 있을 때 내 의식(인식)은 실재하는 대
상을 가지고 있습니다. 내가 옆방에 있어서 보이지 않는 책상
을 생각하고 있을 때도 나의 의식은 여전히 책상이라는 물질로
서 실재하는 대상을 가지고 있습니다.

3

영원한 실체

과거·미래의 실재

의식이 반드시 실재하는 대상을 갖는다고 하는 것을 하나의 전제로 해서 물질적 존재건 개념적 존재건 마음과는 별도로 외계에 동등하게 존재한다는 것을 염두에 둡시다. 내가 돌아가신 어머니를 떠올리고 있을 때, 내 의식의 대상이 된, 돌아가신 어머니는 마음의 바깥에 실재하지 않으면 안 됩니다. 이것은 다음과 같은 추론식으로 구성할 수 있습니다.

대전제: 의식은 반드시 실재하는 대상을 가진다.

소전제: 돌아가신 어머니는 내 의식의 대상이 되었다.

결론: 그러므로 돌아가신 어머니는 실재한다(대상이다).

앞서 책상에 대해서 말한 것처럼 지금의 경우에도 돌아가신 어머니는 내 기억의 내용, 다시 말하면 마음(인식)의 내용은 아닙니다. 어머니라는 외적인 개체 존재로서 내 의식의 대상이 된 것입니다.

같은 것을 미래의 대상에 대해서도 말할 수 있습니다. 예를 들어 내가 내년에 태어날 손자를 생각한다고 해봅시다. '남자라면 철수라고 이름을 짓고 여자라면 영희라고 이름을 짓자'고 생각하는 것처럼, 나는 미래의 손자에 대해서도 생각할 수 있습니다. 손자는 아직 미래의 영역에 있지만 내 사고의 대상으로서는 현재에 실재하는 것이 됩니다. 이렇게 하여 모든 것은 미래·현재·과거에 걸쳐 실재한다는 이론이 성립하는 것입니다.

모든 것이 삼세에 실재한다는 것은 다음과 같은 사실에 의해서도 증명됩니다. 과거의 행위가 현재 그리고 미래에 결과를 야기한다는 것이나, 학식이 있는 불제자가 과거의 물질을 혐오

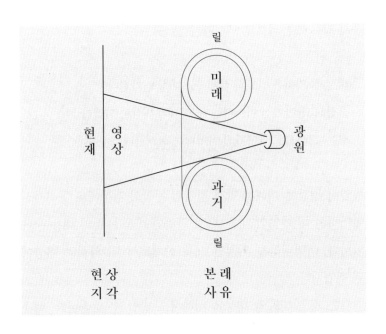

하여 버리는 것을 수행하거나 미래의 물질을 찾아 탐내는 것을 끊는다고 하는 것입니다. 나아가 우리가 과거·미래의 사물을 인식하는 것은 그것들이 실재한다는 증거라고도 말합니다.

하지만 가장 강력한 논증은 앞서 추론식으로 설명한 것입니다. 일반적인 말로 바꾸면, "만약 과거와 미래의 대상이 실체로서 존재하지 않는다면, 과거와 미래의 사물을 사유하는 의식은 대상을 갖지 않는 것이 됩니다. 그러나 대상이 없는 인식은 있을 수 없기 때문에 의식의 대상인 과거·미래의 사물은 존재한다"고 하는 것입니다.

영화의 필름

삼세실유론三世實有論은 영화의 필름으로 비유할 수 있습니다. 위에 있는 미래의 릴에 감겨 있던 필름의 한 컷은 다음 순간 현재에서 광원(인식)에 비춰져 그 영상을 스크린 위에 비추어냅니다. 그러나 다음 순간에는 밑에 있는 과거의 릴에 감겨버리고 맙니다. 그 한 컷이 빛에 비춰져 영상을 비추어내는 것, 곧 작용을 가지는 것은 현재고 영상은 한순간에 소멸합니다.

그러나 그 필름의 한 컷이라는 실체는 언제나 미래 혹은 과거의 릴 안의 존재로서 존재하고 또한 현재에도 있는 것입니다. 현재란 과거 혹은 미래에 실체로 있었던 것이 작용을 가지고 현현하는 한순간을 말하는 것입니다. 앞의 도표에서 앞의 릴을 미래, 아래 릴을 과거라고 했습니다. 하지만 그것은 편의적인 구별이고 실체는 사실 시간을 초월해 있다고 하는 편이 타당합니다.

유부는 과거·현재·미래 3세가 단순히 실체의 상태 차이일 뿐이라고 합니다. 실체가 작용과 결합하여 현세태顯勢態가 된 때가 현재이고, 작용과 분리되어 잠세태潛勢態에 머무는 때가 미래와 과거라고 불릴 뿐입니다. 현상으로 현현하는 세계는 찰나마다 변화하는 무상한 것이지만, 그 배후에 있는 실체의 세계는 영원한 것입니다. 다시 말하면 지각의 세계는 순간적이지만, 사유의 세계는 영원한 것입니다.

과거·미래에 있는 불은 타는가?

고대 인도의 실재론 철학은 상캬학파[5] 바이쉐쉬카학파[6] 니야야

---

5 상캬학파(Sāṃkhya, 數論派)는 인도 정통파에 속하는 학파 중 하나이다. 산스크리트 '상캬Sāṃkhya'에는 '숫자'라는 의미가 있어 한역 문헌에서는 '수론數論'으로 번역한다. 시조는 카필라(Kapila, BCE. 4-3세기)라고 알려져 있지만, 현존하는 가장 오랜 문헌은 이슈바라크리슈나(Īśvarakṛṣṇa, CE. 3-4세기)의 《상캬카리카Sāṃkhya-kārikā》이다. 인도의 대표적인 이원론자로서 자아puruṣa와 근본원질prakṛti의 접촉을 통해 근본원질로부터 23가지 원리가 전변하여 세계를 구성한다고 주장한다. 이에 따라 그들의 학설은 전변설轉變說이라 불린다.

6 바이쉐쉬카학파(Vaiśeṣika, 勝論派)는 인도 정통파에 속하는 학파 중 하나이다. 산스크리트 '바이쉐쉬카Vaiśeṣika'는 '특수' '구분' '뛰어남'이라는

학파[7] 등에 의해 대표됩니다. 이들 학파에는 언어의 형이상학이라고 해야 할 하나의 공통된 관념이 존재했습니다. 그것은 실재하는 사물이란 인식되는 것이고, 언어의 대상으로서 존재와 인식 대상과 언어의 의미를 동일시하는 사고방식입니다. 유부의 실재론도 아마 이들 학파의 영향 아래 성립하였을 것입니다.

5세기에 유부의 철학을 대표하는 학자로 상가바드라[8]라는

뜻을 가진 '비쉐샤viśeṣa'에서 파생된 말로서 한역 문헌에서는 '승론勝論'이라 번역한다. 시조는 카나다(Kanada, BCE. 1세기)라고 하지만 그가 지었다고 하는《바이쉐쉬카 수트라Vaiśeṣika-sūtra》는 후대에 성립한 것으로 알려져 있다. 이 학파는 원자론에 기반한 범주론적 실재론을 주장한다. 초기에는 실체·속성·운동·보편·특수·내속內屬 등 여섯 범주만 인정했으나, 후대에 비존재를 추가하여 7범주론을 구축한다. 원자가 모여 세계를 구성한다고 주장하므로 그들의 학설은 적취설積聚說로 불린다.

7 니야야학파(Nyāya, 正理派)는 인도 정통파에 속하는 학파 중 하나이다. 산스크리트 '니야야Nyāya'는 '법칙' '규범' '논리'라는 의미가 있어 한역 문헌에서는 '정리론正理論'이라 번역한다. 시조는 악샤파다 가우타마Akṣapada Gautama로 알려져 있으며, 그가 지은《니야야 수트라Nyāya-sūtra》를 근본 경전으로 삼는다.《니야야 수트라》에서는 인식 수단, 인식 대상, 의심, 동기, 실례, 정설, 논증식의 요소, 가정적 논증, 결정, 논의, 논쟁, 파괴적 논박, 거짓 이유, 궤변, 무용한 답변, 패배의 근거 등 16가지 주제를 알면 해탈한다고 한다. 후대에는 바이쉐쉬카학파와 종합 학파를 이룬다.

8 상가바드라(Saṃghabhadra, 衆賢, CE. 5세기)는 설일체유부 논사이다. 정통 설일체유부의 입장에 선 논사로서 바수반두가《구사론》에서 정통 설

사람이 있었습니다. 어떤 다른 학파 사람이 상가바드라에게 이렇게 질문했습니다.

"도대체 과거와 미래에 있는 불의 실체라는 것은 타는 것인가, 타지 않는 것인가? 만약 탄다고 하면 그것은 현재의 불과 구별이 안 되고, 만약 타지 않는다고 하면 처음부터 불의 본성을 갖지 않는다고 말해야 하지 않는가?"

상가바드라는 대답했습니다.

"과거·미래의 불은 실체는 있지만 작용이 없다. 실체란 인식되는 것이다. 인식된다는 점에서 그것이 존재라고 불리는 것이지 작용을 갖고 있기 때문인 것은 아니다."

상가바드라의 정의로는 '존재란 대상이 되어서 인식을 낳는 것'입니다. 이 정의에 따르면, 타고 있지 않고 눈에 보이지 않아도, 불이라는 인식 대상이 되는 것은 불이라는 존재, 불의 실체입니다. 불의 실체란, 곧 불이라는 말의 의미가 실체화된 것입니다. 상가바드라는 5세기 사람이지만, 이와 같은 사고방식 그 자체는 유부에 일찍부터 존재했습니다.

일체유부를 비판하는 경량부적 경향을 보이자, 그는 비수반두에게 대론을 요청했다. 하지만 노령을 이유로 거절당하고 《순정리론》을 지었다고 한다. 그의 대표작인 《순정리론》은 세친의 《구사론》을 반박하는 논서지만, 《구사론》에 대한 최초의 주석서라는 성격도 있다. 그 외의 저서로 《현종론》이 있다.

공 공부

현상의 세계에 나타나지 않는 실체

유부가 무위로 간주한 것은 택멸擇滅·비택멸非擇滅·허공虛空 세 가지입니다.

택멸은 지혜[擇]의 힘에 의해 획득한 소멸이라는 의미로서 열반을 가리킵니다.

비택멸에 대해서 극히 간단히 설명하면 다음과 같습니다. 모든 것은 원인·조건의 집합에 의해 미래에서 현재로 발생하고, 한순간에 소멸하여 과거의 상태로 갑니다. 그러나 원인·조건 중 하나라도 결여되어, 영구히 미래에 머물러 현재에 발생하지 않는 것이 있습니다. 이와 같이 존재하면서도 현상의 세계에 나타나지 않는 것을 비택멸(지혜에 의하지 않고 조건의 결여에 의한 비존재)이라고 합니다. 예를 들면 깊은 산 동굴 속에 있는 금맥은 빛도 없고 찾아오는 사람도 없기 때문에 영구히 인식의 세계, 곧 현상의 세계에 나타나지 않는 것과 같습니다.

허공은 유부에 따르면 모든 것이 존재하는 장소로서 공간입니다.

이 택멸·비택멸·허공 셋은 모두 영원불변한 존재로서 그 자체는 이 세계에 현현하지 않습니다. 경량부나 대승불교에 따르면 이 셋은 모두 실재하지 않는 비존재에 임시로 이름을 붙인 것뿐이지만, 유부는 이와 같은 비존재도 일종의 존재로 생각하는 경향이 있었습니다.

열반이란 번뇌가 다 사라지고 없는 상태입니다. 경량부나 중관파에서는 번뇌가 사라진 상태 그 자체는 비존재로서 이름뿐인 것으로 간주하지만, 유부는 그것을 실체라고 합니다. 18계 안의 법은 이와 같은 현상의 세계에 나타나지 않는 실체를 포함하고 있습니다.

18계라는 하나의 범주표 안에 유위와 무위의 두 세계가 포함되어 있는 것은 당연히 그 두 세계를 통일하는 이론을 요구합니다. 유부가 삼세실유론이라는 독특한 이론을 구축하고, 또 자신의 학파명을 설일체유부Sarvāstivāda, 곧 '모든 것이 있다고 설하는 학파' '모든 것이 과거·현재·미래라는 3세에 걸쳐 실재한다고 설하는 학파'라고 부른 것도 그 때문일 것이라고 생각합니다. 18계 안의 법이라는 범주가 3세에 실재하는 본체와 현재 한순간에만 현현하는 현상이라는 두 가지를 포함한다고 하면, 통일이론을 형성할 때는 현상도 또한 삼세실유의 본체를 그 배후에 가진다고 생각하는 수밖에 없습니다.

불합리한 것

언젠가 제가 유부의 삼세실유론을 설명하고 있을 때, 어떤 학생이 "생각할 수 있는 것은 실재하는 것이라고 한다면 우리는 자아를 생각할 수 있기 때문에 자아도 실재하는 것이 아닌가?" 하고 질문했습니다. 대단히 예리한 질문이어서 저도 감동을 받았습니다.

그러나 예를 들어 둥근 삼각형은 억지로 생각하면 생각할 수 없는 것은 아니지만, 그것은 불합리한 것입니다. 불합리한 것을 올바르게 생각할 수는 없습니다. 앞서도 말한 것처럼 유부가 주장하는 5온·12처·18계라는 범주는 합리적 존재의 범주이고, 자아는 유부 내지 불교에서 불합리한 존재이기 때문에, 그것을 생각하는 것은 실은 불가능합니다.

'복숭아와 밤은 3년, 감은 8년'이라는 말이 있습니다. 이것을 빗대어 '유식 3년, 구사 8년'이라는 말이 생겼습니다. 유식파의 관념론[9]은 3년이면 학습할 수 있지만 유부의 대표적인 논서

---

9 관념론은 우리의 인식 대상이 근본적으로는 정신과 독립하여서는 실재하지 않거나 혹은 정신적으로 구성된 것이라고 주장하는 철학의 한 입장이다. 불교에서는 유가행파의 사상이 대표적이다. 유가행파의 관념론은 명상의 대상이 되는 영상이 마음과 다르지 않다는 명상 체험에 대한 분석에서 출발하여 외계의 대상 또한 마음이 만들어낸 것일 뿐이라고 주장하는 사상이다. 예를 들어 부정관과 같은 명상을 하면서 시신이 썩어가는 모습을 상상으로 만들어내어 관찰할 때, 그 썩어가는 시신은 마음이 만들어낸 상상의 산물일 뿐이다. 마찬가지로 일상생활에서 우리가 만나는 대상들도 사실은 마음이 만들어낸 것일 뿐이라는 게 유가행파의 주장이다. 이러한 사상은 명상의 대상이 되는 영상을 잘 산출하거나, 모든 집착의 대상에 대한 철저한 무집착으로 이끄는 실용적 효과가 있다. 유식 사상뿐 아니라 초기 대승경전인 《반야경》에서 이 세계는 꿈과 같거나, 마술로 만들어진 세계와 같다는 관념론적 언급이 자주 등장한다.

인 《구사론倶舍論》[10]을 마스터하기에는 8년이 걸린다는 의미입니다. 현대에도 일생을 걸고 《구사론》을 연구하고 있는 학자가 전 세계에 많습니다. 그러한 유부의 사상체계를 여기서 상세하게 설명하는 것은 불가능합니다. 여기서는 다만 공사상의 전제로서 유부의 삼세실유론의 기본적인 사고방식을 말한 것입니다.

---

10 《아비달마구사론(阿毘達磨倶舍論, Abhidkharma-kośa)》(TD29, No.1558)은 5세기에 활약한 바수반두(Vasubandhu, 世親, 400-480)의 대표작이다. 바수반두는 유가행파의 창시자인 아상가(Asaṅga, 無著)의 동생으로서, 카슈미르 설일체유부에 출가하여 유부의 교학을 배운 후, 경량부의 입장에서 유부 철학을 비판적으로 고찰하는 《구사론》을 지었다. 《구사론》은 방대한 《대비바사론》을 요약한 《심론心論》 계통의 체계를 이어받은 논서로서, 4제를 골간으로 하여 9장으로 구성되어 있다. 인도뿐 아니라 동아시아에서도 유식사상을 이해하거나 비판하기 위한 기초적인 논서로 중시되었다.

제3장

대승의 공사상

반야경의 출현

다양한 반야경

《반야경》이라고 일괄해서 부르는 방대한 문헌군이 '공'을 표방하고 속속 나타난 것은 설일체유부가 특히 서북인도에서 강대한 세력을 자랑하고 있던 때였습니다. 《반야경》 중에서 가장 먼저 나타난 것은 《팔천송반야경八千頌般若經》이었습니다. 이 경전이 같은 서북 인도에서 편찬되었던 것은 아마 서기 50년 전후였을 것이라고 저는 생각하고 있습니다.

산스크리트본 《팔천송반야경》은 32장으로 이루어져 있습니다. 그중 제1장부터 제27장까지(한역《도행반야경道行般若經》제1품부터 제25품까지)가 이 경전의 원시형태입니다. 유명한 사다프라루디타(Sadāprarudita, 常啼)와 다르못가타(Dharmodgata, 法上)의 장대한 이야기를 포함하고 있는 제28장부터 제32장은 조금 늦게 부가된 것입니다.

이 부가부분을 포함한《팔천송반야경》전체가 기원후 50년경까지 성립해 있었다고 저는 생각하고 있습니다. 여기서는 연대 고증은 전부 생략하겠습니다. 어쨌든《팔천송반야경》은 유부의 삼세실유론을 비판하고 붓다 가르침의 진의를 회복하기 위해 편찬된 것입니다.

《팔천송반야경》은 중국에서는 여섯 번에 걸쳐 다른 제목으로 한역되었습니다. 후한後漢의 지루가참[1]이 한역한《도행반야경》, 오吳의 지겸支謙이 한역한《대명도무극경大明度無極經》, 전주前周의 담마비曇摩毘·축불념竺佛念이 공역한《마하반야초경摩訶般若

---

1 지루가참(支婁迦讖, Loka-kṣema, ?-167-?)는 월지국, 곧 지금의 아프카니스탄 동북부와 중앙아시에 걸쳐 존재하던 고대 왕국 출신의 역경승이다. '지루가참'의 '지'는 월지국 출신이라는 의미이며, 실제 이름은 '루가참(Loka-kṣema)'이다. 산스크리트 로카크쉐마는 세상의 평안이라는 의미이다. 최초의 역경가로서 167년에 낙양에 온 후, 186년까지《도행반야경》《반주삼매경》《유일마니보경》《잡비유경》《내장백보경》《아사세왕경》등 많은 중요한 대승경전을 번역하였다.

鈔經》, 후주後周의 구마라집鳩摩羅什이 한역한《소품반야바라밀경小品般若波羅蜜經》, 송宋의 시호施護가 한역한《불모출생삼법장반야바리밀다경佛母出生三法藏般若波羅蜜多經》, 현장玄奘이 한역한《대반야바라밀다경大般若波羅蜜多經》제4회가 모두《팔천송반야경》의 이역본입니다. 이는 산스크리트본《팔천송반야경》이 시대와 함께 발전하고 증광增廣되어 갔고, 그에 따라 중국에서도 몇 번이나 다시 번역해야 했습니다.

이 중에서《도행반야경》《대명도무극경》등은 현존 산스크리트본《팔천송반야경》보다도 훨씬 오래된 형태를 보이고 있습니다. 현존 산스크리트본에 가장 가까운 형태를 갖고 있는 것은 송나라 시호(980년 이후)의 한역입니다. 이러한 현상은 이 경의 산스크리트 고사본古寫本이 소실되어, 현재는 11세기 이후의 사본밖에 남아 있지 않기 때문에 야기된 것입니다.《팔천송반야경》이외의 반야경에 대해서도 같은 이야기를 할 수 있지만 하나하나 반복하지는 않겠습니다.

《팔천송반야경》에 이어 2-300년 사이에《일만팔천송》《이만오천송》마침내는《십만송》이라는 장대한 반야경이 편찬되었습니다. 여기서 '송頌'이란 운문이라는 의미가 아니라 32음절 길이의 행를 말합니다. 한 송은 산스크리트 사본의 한 행 정도의 길이라고 생각하면 좋습니다.《십만송》은 십만 행의 길이를 가진 반야경입니다. 이들 반야경은 내용적으로는《팔천송반야경》과 그다지 다르지 않지만, 같은 문장을 계속해서 써내려갔기 때문에 대단히 길어진 것입니다.

기원후 300년경부터 비교적 짧은 반야경이 만들어지게 되었습니다.《금강반야경金剛般若經》과 같이 한역으로 1권 전후의 반야경이 계속 나왔습니다.《반야심경般若心經》에 이르면 겨우 수백 자입니다. 기원후 600년경부터는 밀교의 영향 아래《이취경理趣經》을 시작으로 하는 밀교적인 반야경이 나타났습니다.

반야경은 이와 같이《팔천송》을 기초로 하여 그것이 점점 증광되는 경향, 너무 길어진 반야경을 반대로 축소해 가는 경향, 그리고 최후로 밀교화 경향이라는 3단계로 발전했습니다. 현장이 번역한《대반야바라밀다경》은 실은 위에서 말한 각종의 반야경을 집대성한 것으로서 반야경 전서全書라고 할 만한 것입니다.《반야심경》이나 운문으로 쓰여 있는 점에서 독특한《보덕장반야경寶德藏般若經》등은《대반야경》에 들어 있지 않습니다.

반야경의 내용

《팔천송반야경》을 시작으로 하여, 모든 반야경은 소승불교 단계에서 확립된 불교 술어의 의미와 그 위에 체계화된 모든 실재론적 이론을 공사상으로 비판하고 있습니다.

예를 들어《팔천송반야경》제2장에는 대승의 보살·대사는 공에 머무르고 지혜의 완성[般若波羅蜜]에 머물러야 하지만, 5온·

18계·5대[2](地·水·火·風·空)·4념처[3](신체는 부정, 감각은 고, 마음은 무상, 사물은 공이라고 보는 관법)·4정근[4](네 가지 바른 노력)·4신족[5](의욕·정진·마음·사유라는 네 가지 정신 집중)·5근[6](信·精

---

2   5대大란 인체를 구성하는 물질적 구성요소인 지·수·화·풍 4대에 신체 안에 있는 빈 공간을 가리키는 공을 더해 다섯 가지로 한 것이다. 이를 세계 일반의 구성요소로 일반화했을 때 대大라고 한다. 이때 대란 다른 모든 물질 현상의 근거라는 의미이다. 5대의 관찰법은 인체의 물질적 구성요소를 관찰하는 방법이다.

3   4념처念處란 신체와 느낌, 마음과 법에 주의를 집중하는 수행법이다. 체계화된 후대의 불교 수행법에서 출발점을 이룬다. 이때 신체에 대해서는 호흡과 자세, 행동, 32가지 장기, 4대, 시체가 썩는 모습 등을 관찰한다. 느낌에 대해서는 즐거운 느낌, 괴로운 느낌, 즐겁지도 괴롭지도 않은 느낌 등 9가지 느낌을 관찰한다. 마음에 대해서는 탐욕이 있는 마음, 탐욕이 없는 마음 등 16가지로 관찰한다. 법에 대한 관찰은 5개, 5온, 5입처, 7각지, 8정도를 관찰하는 것이다.

4   4정근正勤은 4정단正斷이라고도 한다. 네 가지 정근, 곧 노력은 이미 일어난 악은 없애려고 노력하는 것, 아직 일어나지 않은 악은 일으키지 않으려고 노력하는 것, 이미 일어난 선은 유지하고 발전시키도록 노력하는 것, 아직 일어나지 않은 선은 일으키려고 노력하는 것을 가리킨다.

5   4신족神足은 4여의족如意足이라고도 한다. 초월적 능력[神, ṛddhi]을 얻기 위한 네 가지 근거[足, pāda]가 되는 심리요소를 가리킨다. 이 네 가지 심리요소를 통해 획득하는 삼매가 초월적 능력을 발휘하므로 이 네 가지를 4신족이라 한다.

6   5근根에서 '근'이란 어떤 것에 대해 지배력을 가진 것을 의미한다. 믿음

進·念·定·慧)·5력[7](信力·精進力·念力·定力·慧力)·7각지[8](念·擇
法·精進·喜·輕安·定·捨 등 깨달음의 지혜를 돕는 일곱 가지 덕)·8정
도[9](正見·正思惟·正語·正業·正命·正精進·正念·正定)·성자의 네

·노력·주의집중·선정·지혜는 열반에 대해 지배력을 가졌으므로 다시
말해 열반을 낳는 데 주요한 요인이 되므로 이를 5근이라 한다. 이는 붓
다의 가르침에 대한 믿음, 곧 신뢰가 있어야 그것을 획득하기 위한 노력
이 일어나고, 노력으로 말미암아 주의집중이 일어나며, 주의집중이 선정
을 낳고, 선정에 기반해 지혜가 일어나 열반을 획득할 수 있기 때문이다.

7 5력力은 5근과 동일한 심리 요소이지만, 그 작용이 강력한 것을 말한다.
   아비달마에서는 전자는 선법을 산출하는 것이고 후자는 악법을 파괴하
   는 것, 혹은 전자는 열등한 것 후자는 우월한 것, 전자는 굴복될 수 있는
   것 후자는 굴복될 수 없는 것 등으로 구분하고 있다.

8 7각지覺支란 깨달음의 수단이 되는 일곱 지분을 의미한다. 5근과 5력이
   지혜를 획득하는 것을 최종 목표로 한다면, 7각지와 8정도는 선정을 통
   해 평정을 얻는 것을 최종 목표로 하는 일련의 심리적 과정 혹은 수행 과
   정을 의미한다. 곧 7각지는 주의집중[念]을 통해 법을 변별[擇法]한 후,
   노력[精進]을 통해 선정을 구성하는 중요한 심리요소인 만족[喜]과 경쾌
   함[輕安]을 얻어 선정[定]을 획득하고 최종적으로 평정[捨]을 얻는 일련
   의 과정으로 구성되어 있다.

9 8정도는 4제 중 도제를 구성하는 초기불교의 대표적인 수행법이다. 이
   8정도는 바른 선정[正定]을 얻기 위한 일련의 과정으로 이루어져 있다.
   수행자는 먼저 윤회가 존재한다는 사실을 이해하고 붓다의 가르침에 대
   한 신뢰를 가진다[正見]. 그 후 출가를 결심하고[正思惟], 출가한 후에는
   거짓말 등을 하지 않고[正語], 살생 등을 하지 않으며[正業], 탁발로 살아
   간다[正命]. 이러한 생활방식을 통해 감각적 욕망의 대상에 이끌리지 않

단계[10](預流果·一來果·不還果·阿羅漢果)·독각[11]의 본성·불타의 본성에 마음이 머물게 해서는 안 된다고 말합니다.

4념처부터 8정도까지는 깨달음에 도움이 되는 요소로서, 37도품道品이라 불립니다. 이들 존재의 범주나 수행의 체계를 모두 실재로 인식하거나 집착해서는 안 된다는 것입니다. 성자의 단계나 독각이나 붓다의 깨달음도 고정적인 실체로 생각해서

고[正精進], 무의식적으로 행동하지 않고 완전히 자각한다[正念]. 이러한 일련의 과정을 거쳐 수행자는 4선이라는 바른 선정[正定]을 얻고 제4선에서 완전한 평정을 경험한다. 8정도 역시 7각지와 마찬가지로 선정을 통해 평정을 얻는 수행법이다. 4념처부터 8정도까지를 37보리분법이라 한다. 이들 각각의 수행법은 초기 경전에서는 서로 독립적이었던 것을 일련의 과정으로 체계화한 것이다.

10 4사문과沙門果라고도 한다. 수행자가 수행을 통해 얻는 결과를 네 단계로 분류한 것이다. 첫째 예류과란 흐름에 들었다는 의미로서 반드시 열반을 성취할 수 있는 단계에 들어갔다는 의미이다. 설일체유부에서는 견도 16찰나 중 마지막인 제16찰나를 가리키고, 유가행파에서는 수도의 첫 찰나를 가리킨다. 설일체유부에서는 예류과를 얻으면 7생을 받는 동안 반드시 아라한과를 얻는다고 한다. 일래과는 천상과 인간계를 한 번 오간 후 아라한과를 얻는 단계이다. 불환과는 다시는 욕계에 돌아오지 않는 단계로서 현생에서 아라한과를 얻어 바로 열반에 들거나, 색계나 무색계에 태어나 반열반에 드는 단계이다. 아라한과는 모든 번뇌를 끊어 다시는 윤회하지 않는 단계이다.

11 독각獨覺이란 붓다에게 가르침을 받지 않고 스스로 깨달음을 얻은 자를 가리킨다. 연각緣覺이라고도 번역한다.

는 안 됩니다.

다른 장에서는 6바라밀[12]이라는 대승 보살의 수행덕목이나 공의 지혜에 다름 아닌 반야바라밀이나 불타의 일체지도 실은 공이고, 공성 그 자체도 공이라고 합니다.

이러한 반야경의 비판은 모든 것을 고정화하고, 불변·불멸의 실체로 보고자 했던 소승불교의 실재론을 뿌리부터 부정하고, 다시 공이나 반야바라밀과 같은 대승불교의 새로운 이상조차도 고정화하고 실체적으로 존재한다고 집착해서는 안 된다고 경계하는 것에 집중하고 있습니다. 그것은 소승불교의 실재론을 비판하는 것과 함께 대승불교조차도 빠지기 쉬운 고정화의 경향도 억지하고자 한 것입니다. 그 비판과 자신에 대한 경계[自戒]에 의해 불교를 고타마 붓다 본래의 정신으로 되돌리고자 하였습니다.

---

12 6바라밀이란 보시·지계·인용·정진·선정·반야바라밀 등의 여섯 가지 수행을 가리킨다. 바라밀이란 산스크리트 '파라미타pāramitā'를 음사한 말로서 원래는 '완성'이라는 뜻이다. 예를 들어 반야바라밀이란 반야의 완성이라는 의미이다. 이를 도피안度彼岸이라고 한역한 것은 유사어원적 설명에 따른 것이다.

2

공의 수행자, 보살

보살의 탄생

보살(菩薩, bodhisattva)이라는 말은 기원전 2세기에는 성립해 있
던 말로서, 그 후 초기경전 안에도 계속 삽입되어 왔습니다. 보
살이란 원래 성도하여 붓다가 되기 전에 무한에 가까운 오랜
기간에 걸쳐 생사를 반복하여 구도한 석가모니의 전신인 수행
자를 의미했던 말입니다. '[붓다의] 깨달음을 향해 [수행하고 있
는] 중생' '[붓다의] 깨달음을 얻기로 결정된 중생'이라는 의미입
니다.

고타마 붓다가 입멸한 후, 원래는 유행편력하고 있던 비구·
비구니들은 일반사회와 격리된 승원 안에 정주하여 집단생활
을 하게 되었습니다. 그들은 왕후王侯·장자長者·재가신도의
보시에 의해 경제적으로 지원을 받고 노동이나 사회적 의무에
서 해방되었습니다. 독신을 지키고 엄격한 계율 아래 서로 절
차탁마切磋琢磨하여 학문과 수행에 몰두하게 되었습니다.

다른 한편 재가의 남녀신도는 석가모니의 유골을 모신 많은
스투파[佛塔]에 모여, 그것의 공양과 관리·운영을 맡으면서 점
차 재가교단을 형성해 갔습니다. 소승불교의 출가교단 중에서

도 대중부 계통의 진보적인 교단이 있었습니다. 그들 교단의 비구 중에서는 재가교단을 지원하고 재가신자들에 협력하여 불교의 혁신에 노력했던 자도 있었습니다.

선남자 · 선여인이라고 불린 재가신도들은 이윽고 자신들을 '보살'이라고 부르게 되었습니다. 그리고 자신들의 교단을 보살교단이라고 자칭했습니다. 재가신자들이 보살이라고 자칭한 것은 비사회적으로 자신의 깨달음에만 전념하고 아라한을 정점으로 하는 성자가 되면 그만이라고 생각했던 출가 비구 · 비구니들에 대한 비판이 담겨 있습니다. 재가자들은 스스로 보살이라고 부름으로써 아라한이 아니라 붓다가 되는 것을 이상으로 내걸었습니다.

깨달음을 바라다

《팔천송반야경》 단계가 되면 대승의 수행자들은 자신을 보살이라고 부를 뿐만 아니라 보살 · 대사(大士, 마하살)라는 두 단어로 부르게 되었습니다. 이 말에는 보살이라는 말의 의미 변화를 반영함과 함께 대승 특유의 이상이 담겨 있습니다. 여기서 보디삿트바bodhisattva의 삿트바sattva는 마음 혹은 바람abhiprāya을 의미하게 되었습니다. 따라서 보디사트바란 '[붓다의 일체지, 곧] 깨달음을 바람으로 가진 자'란 의미가 되었습니다.

이 말에 덧붙여진 대사大士(마하살, mahāsattva)는 '[모든 중생을 구제하고자 하는] 위대한 마음·바람을 가진 자'를 의미하게 되었습니다. 이 두 단어를 함께 사용함으로써, 대승 교도는 붓다가 되는 것을 목표로 하고, 자신의 깨달음에만 전념하는 것이 아니라 모든 중생을 구제하고자 하는 결의를 나타낸 것입니다.

'사트바'를 마음 혹은 바람의 의미로 해석하는 것은 구마라집의 한역《대지도론》[13]에 몇 번이나 나옵니다. "보리(菩提, bodhi)란 모든 붓다의 길에 이름을 붙인 것이고, 살타(薩埵, sattva)란 중생 혹은 대심大心에 이름을 붙인 것이다" "무엇을 마하살타라고 하는가?" "마하는 대大, 살타는 중생에 이름을 붙인 것이다. 혹은 용기 있는 마음에 이름을 붙인 것이다"는 등의 문장이 수없이 나타납니다. 그러나 보살·대사에 대한 가장 뛰어난 해석은 8세기 말에 활약한 사상가 하리바드라Haribhadra에 의해 이루어졌습니다.

---

13 《대지도론》(TD25, No.1509)은《이만오천송반야》, 곧《대품반야경》의 주석서이다. 한역으로만 남아 있다. 저자는《중론》의 저자인 용수로 전해지고 있으나 주석의 내용으로 보아 설일체유부의 교학에 정통한 서북 인도 출신의 학승으로 추측된다. 구마라집의 한역으로 100권에 이르는 방대한 주석서이지만, 원래 산스크리트 원전은 한역된 분량의 10배에 이르는 방대한 주석서라고 전한다. 구마라집은 〈서품〉만 34권에 걸쳐 완역하고 나머지는 초역抄譯하였다고 한다.《대품반야경》의 주석이지만,《중론》과 같은 부정적 입장이 아닌 제법실상諸法實相이라는 긍정적 입장에 서서 주석한 것으로 평가된다.

보살이란 그들의 '사트바', 곧 바람이 자리의 완성, 곧 모든 것에 집착하지 않는다는 의미의 정각으로 향해 있는 사람들이다. "성문들조차도 그와 같이 될 수 있을 것이다"라고 한다면 대사라고 덧붙인다. 그 사람들의 마음sattva이 위대한 이타의 완성에 향하여 있는 사람들이 대사라고 불린다. "위대한 [이타의] 마음은 예를 들어 이교도 중에서도 착한 사람이 있는 것처럼, 다른 [사람들의] 경우도 있을 것이다"라고 하기 때문에 보살이라는 말이 붙여져서 [불교도를 나타내고] 있다.

하리바드라는 꽤 후대의 인물이지만 그 해석이 반야경의 초기 단계부터 성립해 있었던 것은 같은 해석을 구마라집(350-409 혹은 344-413)이 이미 하고 있는 것에서 알 수 있습니다. 사트바를 중생[有情]이라고 하는 원래의 해석이 폐기된 것은 아니지만 대승 특유의 해석에서 그것은 마음·바람이라는 의미가 되었습니다.

모든 것에 대한 무집착
보살·대사에 대한 하리바드라의 해석 중에서 한 가지 더 주의할 것이 있습니다. 그는 보살을 '모든 것에 대한 무집착이란 의미의 정각(붓다의 깨달음)이라는 자리의 완성에 그의 바람이 향해 있는 사람'으로 규정하고 있습니다. 문제가 되는 것은 이 '모든 것에 대한 무집착'이라는 개념입니다. 반야경에서 일체지라든가 붓다의 깨달음이라든가 하는 것을 모든 것에 대한 무집착이라고 하는 것은 지극히 중요한 것입니다.

《팔천송반야경》 제1장에 슈레니카Śreṇika라는 수행자 이야기가 나옵니다. 그는 자기 교단의 가르침인 특징을 파악하는 방법으로 오랫동안 해탈을 얻지 못하고 실망하고 있었습니다. 하지만 붓다의 전지자성[一切智]의 특징은 인식할 수도 얻을 수도 없다는 반야경의 가르침에 접하고는 처음으로 믿음을 가지고 도를 따르는 자[隨信行]가 되어서 전지자성에 들어갔습니다.

그 이후 그는 물질적 존재·감각·표상·의욕·사유, 곧 5온 모두가 인식되지 않고, 열반조차 어떤 특징도 가지지 않은 것으로 생각했다고 합니다. 여기서는 다만 세속적인 것에 집착하지 않는 것뿐만 아니라, 붓다의 깨달음이나 열반이라는 종교적 본질도 인식하지 않고 집착하지 않는 것이 반야경 수행의 첫 번째 마음가짐으로 간주하고 있습니다.

깨달음에 집착하는 자

'보살'이라는 말의 해석 중에 하리바드라가 '무집착'이라는 말을 꺼낸 것은 실은 언어학적인 이유와 사회적인 이유도 있었습니다.

산스크리트에서는 중생이나 마음을 나타내는 말이 '사트바

sattva'이고, '집착했다'를 의미하는 말은 '삭타sakta'여서 둘은 전혀 다른 말입니다. 그러나 팔리어나 그 외의 속어에서는 이 두 말을 똑같이 '삿타satta'라고 합니다.

'보살'은 팔리어로는 보디삿타bodhi-satta라 합니다. 이 말은 '깨달음에 집착(헌신)하고 있는 자'라고도 해석할 수 있습니다. 5세기에 활동한 저명한 팔리 경전 주석가인 붓다고사Buddhag-hosa는 보살의 어의語義 해석 중에 '깨달음에 집착하고 헌신하고 있는 자'라는 의미도 기록하고 있습니다.

사회적 이유란 다음과 같습니다. 앞서도 언급했지만, 소승불교의 수행자는 붓다가 되는 것을 목적으로 수행한 것이 아니라, 붓다가 된다고 하는 이상을 내버리고 붓다보다 훨씬 낮은 단계의 성자인 아라한이 되면 그만이라고 생각하고 말았습니다. 그러나 신흥 대승불교도들은 아라한이 아니라 붓다가 되는 것을 이상으로 삼고 불교혁신운동을 전개하기 시작했습니다.

이것은 출가자이자 불교의 전문가라고 자인하고 있던 소승의 비구들에게는 너무나도 뼈아픈 것이었습니다. 출가수행자인 자신들조차 붓다가 될 수는 없는데 재가의 초보 불교도가 붓다가 된다는 것이 웬 말이냐 하는 것입니다. 소승의 출가 비구들은 대승불교도들이 제창한 성불의 이상을 공격한 것에 틀림없습니다. 그래서 자신을 보살이라고 칭했던 대승불교도들을 '붓다의 깨달음에 집착한' 잘난 체하는 자들이라고 비판한 것임에 틀림없습니다.

　이러한 소승 비구들의 공격에 대하여 대승의 보살들은 자신들이 생각하고 있는 붓다의 깨달음, 곧 일체지란 실은 모든 것에 대해 집착하지 않는 것, 심지어 붓다나 그의 깨달음조차 집착하지 않는 것이라고 대답했던 것입니다. 무집착이야말로 붓다의 깨달음이라는 반야경의 정신은 이러한 사회적 배경으로부터도 이해할 수 있을 것입니다.

세 가지 명상

반야경에는 3해탈문解脫門이라고 불리는 세 가지 삼매(정신집중)가 자주 강조되고 있습니다. 이것이 공삼매空三昧·무상삼매無相三昧·무원삼매無願三昧입니다. 공삼매란 모든 것에 본질이나 실체가 없다는 것을 명상하는 것으로서 이른바 공의 존재론적 측면이라고 할 수 있을 것입니다. 무상삼매는 어떤 것에 대해서도 그 특징을 인식하지 않는다는 것으로서 이른바 공의 인식론적 측면이라고 말할 수 있습니다. 무원삼매란 어떤 원망·욕망도 갖지 않는다고 하는 명상으로서 이른바 공의 심리학적 측면의 표현이라고 할 수 있을 것입니다. 결국은 사물의 실체를 구상하지 않고 인식하지 않으며 집착하지 않는다는 것입니다.

　명상[三昧]은 반야경의 신비가들에게 진실 탐구를 위한 유일하게 올바른 방법이고 실험이었습니다. 정말로 존재하는 것이 무엇인가를 추구하기 위해 어떤 대상에 주의를 집중해서 명상하고 있으면, 그것의 이름과 형태는 사라져버립니다. 사유해야 하는 것과 지각해야 하는 것은 모두 소실됩니다. 마지막으로 남은 최고의 실재는 발생하지도 않고 소멸하지도 않으며, 오지도 않고 가지도 않으며, 만들어진 것도 아니고 변하지도 않는 것입니다. 어떤 형태로도 나타나지 않고 시간적으로나 공간적으로 한계가 없고 변함이 없습니다. 그것은 모든 한정과 분리되고 적정하고 고독하고 청정한 것입니다.

언어를 넘어선 진실

앞서도 말한 것처럼 설일체유부의 학자들은 존재와 인식 대상과 언어의 의미는 동의어라고 생각하고 있었습니다. 그것에 비해 최고의 실재가 지각이나 사유를 넘어서 있다고 하는 반야경 사상가의 사고방식은 유부의 학자들과 대조적인 것임을 알 수 있습니다. 지각이나 사유를 넘어선 것은 언어의 대상이 되지 않습니다. 그러므로 반야경은 최고의 실재는 발생하지도 않고 소멸하지도 않는다던가, 오지도 않고 가지도 않는다고 하는 모순적인 표현을 사용해서 진실이 언어로부터 벗어나 있는 것을 보여주고자 하였습니다.

　그러므로 사물이 실체로서 공이고[空], 어떤 특징을 통해서도 인식되지 않으며[無相], 욕망이나 집착의 대상이 아니라는

[無願] 3해탈문의 기저에는, 모든 것이 최고의 진실로서는 언어를 초월해 있다는 사실이 있게 됩니다. 반야경의 사상가들은 인간의 언어를 신뢰하지 않았습니다. 실재에 대해서 무엇을 말하려 해도 그것은 언어일 뿐으로서 언어습관의 표현에 지나지 않습니다. 언어는 사물의 진실을 언급할 수 없는 것이고, 사물의 진실로부터 나온 것도 아니며, 그 자신이 실재하는 것도 아닙니다.

그러므로 사물의 진실은 언어에 의해 표현되지 않고, 언어는 그것과 일치하는 대상을 실재의 세계에 가진 것도 아닙니다. 실재를 물질과 마음, 인식과 감관 및 대상, 그 외의 많은 범주에 의해 구별하는 것도 성립하지 않습니다. 구별은 언어의 세계에만 있는 것이지 실재하는 것에 있을 리가 없습니다. 인간이 말에 의해 생각하고 구별한 이미지를, 실재가 자신의 본질로 가지고 있을 리가 없는 것입니다.

공 공부

3

천녀의 설법

하늘 꽃

《유마경維摩經》[14]은 경전의 분류상으로는 반야부에 속하지 않지만, 실은 가장 반야경적이라고 할 수 있는 경전입니다. 이 경의 제6장 안에 나타난 천녀天女 이야기를 나가오 가진長尾 雅人 박사의 번역을 빌어 소개하고 공사상의 예증으로 삼고자 합니다.

이 집에 천녀天女가 한 명 살고 있었다. 천녀는 이들 보살·대사의

---

14 《유마경維摩經》은 구마라집 역《유마힐소설경維摩詰所說經》을 줄여서 부르는 말이다. 경집부에 속한 경전으로서, 이역으로는 지겸 역《유마힐경維摩詰經》, 현장 역《설무구칭경說無垢稱經》이 있다. '유마維摩'란 산스크리트 '비말라키르티Vimalakīrti'를 음사한 것으로《유마경》의 주인공 격인 재가보살의 이름이다. 유마힐維摩詰이라고도 음사하고 무구칭無垢稱이라 의역한다. 내용은 다음과 같다. 붓다가 바이샬리에 머물 때 당시 유명한 재가보살인 유마 거사가 병이 들자 제자들에게 문병을 권한다. 그러나 성문 제자들은 대승에 정통한 유마 거사에게 꾸중을 들은 적이 있어 문병을 꺼리고, 마침내 문수보살이 앞장서 병문안을 가게 된다. 그렇게 만난 두 사람은 자유자재로 대승의 가르침을 논한다. 동아시아 선불교에 큰 영향을 미친 경전이다.

설법을 듣고 기쁨에 가득 차서 마음을 빼앗겨, 자신의 실제 몸을 나타내고 하늘 꽃을 이들 대보살과 대성문들 위에 흩뿌렸다. 그러자 보살들 몸에 뿌려진 꽃은 땅에 떨어졌지만, 대성문들 몸에 뿌려진 꽃은 그들에게 붙어 땅에 떨어지지 않았다. 대성문들은 신통력을 발휘하여 이 꽃을 떨어뜨리려고 하였지만 떨어지지 않았다.

천녀가 장로 샤리푸트라[舍利弗]에게 물었습니다.

"대덕이여, 이 꽃을 떨어뜨린들 무슨 소용이 있습니까?"

"천녀여, 이들 꽃[으로 장식하는 것]은 [출가자의 몸에는] 어울리지 않기 때문에 없애려고 하는 것입니다."

"대덕이여, 그런 말씀을 해서는 안 됩니다. 이 꽃은 법(진리)에 합당한 것이기 때문입니다. 이 꽃은 생각하거나 분별하거나 하지 않는데, 장로 샤리푸트라야말로 생각하고 분별하고 있기 때문입니다. 대덕이여, 출가해서 잘 설해진 법과 율 안에 있으면서 생각하고 분별한다면 그것이야말로 법에 합당하지 않는 것입니다. 장로는 (법과 율에 대해) 판단하고 분별하고 있지만, 판단하지 않는 것이 바른 것입니다. 대덕이여, 보십시오. 생각이나 분별과 분리되었기 때문에 보살·대사의 몸에는 꽃이 붙지 않습니다. 예를 들어 두려움을 품고 있는 사람이라면, 귀신이 그 틈을 노리겠지요. 마찬가지로 생사윤회의 두려움에 떨고 있는 사람에게는 물질이나 소리나 냄새나 맛이나 감촉이 그 틈으로 들어옵니다. 만

공 공부

약 형성된 모든 존재[有爲]를 향한 번뇌에 대한 두려움을 버린 사람이라면, 그 사람에게 물질이나 소리나 냄새나 맛이나 감촉[이라는 5욕의 대상]이 무슨 작용을 할 수 있겠습니까? [애착에 의해] 스며든 습관[熏習]을 지금 끊지 못하는 사람에게는 꽃이 붙지만, 그것을 끊은 사람의 몸에는 붙지 않습니다. 그러므로 훈습을 모두 끊은 [보살들의] 몸에는 꽃이 붙지 않았던 것입니다."

다시 [샤리푸트라가] 묻는다.

"천녀여, 애욕과 분노와 어리석음과 분리되었기 때문에 해탈이 있는 것이 아닙니까?"

"애욕과 분노와 어리석음과 분리되어 해탈한다는 것은 자만심을 가진 사람에게 설한 것입니다. 자만심이 없는 사람에게는 애욕과 분노와 어리석음의 본성이 그대로 해탈입니다."

- 長尾雅人·丹治昭義 역, 《유마경·수능엄삼매경》; 《유마힐소설경》〈관중생품제칠〉(TD14, 547c23-548a18)

남과 여

"천녀여, 그대는 여성의 존재 방식을 바꾸[어 남성이 되어서]는 안 되는 것입니까?"

"저는 12년간 여성의 특징을 탐구해 왔지만 아직도 그것을 얻지 못했습니다. 대덕이여, 마술사가 여자 모습을 만들어냈다고 해서, 이것에 대해 '여성의 몸을 바꾸면 왜 안 되는가?' 하고 질문한들 무슨 소용이 있겠습니까?"(…)

그때 천녀가 신통력을 일으켜 장로 샤리푸트라는 천녀와 완전히 같은 모습이 되고, 천녀는 장로 샤리푸트라와 같은 모습이 되었다. 그리고 샤리푸트라의 모습을 한 천녀가 천녀로 변한 샤리푸트라를 향해 물었습니다.

"대덕이여, 여성의 몸을 바꾸지 않으면 왜 안 됩니까?"

천녀의 모습이 된 샤리푸트라가 대답했다.

"남자의 모습이 사라지고 여자의 모습이 되었지만 어떻게 그렇게 되었는지 모르겠습니다."

[천녀가] 말했다.

"만약 대덕이 여자의 모습에서 다시 바뀔 수 있다면 모든 여자도 여성의 몸을 바꿀 수 있겠지요. 대덕이 여자로 나타나 있는 것처럼 모든 여자도 여자의 모습으로 나타나 있는 것이고, 본래 여자가 아닌 자가 여자의 모습으로 나타나 있는 것입니다. 그런 의미에서 세존(붓다)은 모든 존재는 여자도 아니고 남자도 아니라고 설하셨습니다."

그때 천녀가 신통을 그치자 장로 샤리푸트라는 다시 원래의 모습으로 변했다. 그리고 천녀가 말하였다.

"대덕이여, 그대가 변했던 여자의 모습은 어디로 갔습니까?"

[샤리푸트라가] 대답하였다.

"저는 [여자가] 된 것도 아니고, 또 변한 것도 아닙니다. 그와 같이 모든 존재는 만들어지는 것도 아니고 변화하는 것도 아닙니다. 만들어지는 것도 없고 변하는 것도 없다는 것이 붓다의 말씀입니다."

- 長尾雅人·丹治昭義 역,《유마경·수능엄삼매경》;《유마힐소설경》〈관중생품제칠〉(TD14, 548b22-c9)

성과 속

여기서 샤리푸트라[15]에게는 소승불교의 대표자로서의 역할이 주어져 있습니다. 그에게 꽃은 세속의 장식물이지 종교적인 것은 아닙니다. 그의 마음속에는 세속적인 것과 성스러운 것이라는 두 범주가 있어서 모든 것은 그중 하나로 분류되어 버립니다. 꽃은 세속적인 것이지 성스러운 세계에 속해서는 안 된다는 것입니다. 애욕이나 분노나 어리석음과 같은 번뇌도 세속적

---

15 샤리푸트라Śāriputra는 붓다의 10대 제자 중 한 명이다. 지혜제일智慧第一이라고도 불린다. '샤리'는 어머니의 이름으로서 샤리푸트라는 '샤리의 아들'이라는 뜻이다. 한역 문헌에서는 주로 사리불舍利佛 혹은 사리자舍利子로 음사한다. 아비달마의 시조라고 간주되며, 대승경전에서는 주류불교를 대표하는 인물로 주로 등장한다. 원래 친구인 마웃갈리야나(Maudgalyāyana, 目犍連)와 함께 불가지론자인 산자야 벨라티풋타(Sañjaya Belaṭṭhiputta)의 제자였다. 5비구 중 한 명인 앗사지Assaji 비구를 만나 '모든 법은 원인에서 발생하고 소멸한다'는 붓다의 가르침을 전해 듣고 그들을 따르던 500명의 동료와 함께 붓다에게 귀의하였다. 이 사건은 초기 붓다 교단 형성에 크게 기여하였다.

인 것이지, 열반과 같이 성스러운 것이 아니라고 샤리푸트라는
생각하고 있습니다.

그러나 샤리푸트라를 조롱하고 있는 천녀에 의하면, 꽃에 세
속적인 것 혹은 성스러운 것이라는 고유한 본질이 있을 리 없
습니다. 애욕에 번뇌라는 본질이 있고, 열반에 성스러운 것이
라는 본질이 있을 리 없습니다. 그와 같은 본질이나 구별은 구
별하는 샤리푸트라의 마음속에 있을 뿐입니다. 사물 그 자체는
샤리푸트라의 판단과는 관계없이 고유의 본질을 갖고 있지 않
습니다. 번뇌에 번뇌의 본질이 있고, 열반에 열반의 본질이 있
는 것은 아닙니다.

만약 그렇지 않다면 어떤 사람에게는 멀리해야 할 장식인 꽃
이 성스러운 세계의 풍광이 되어 붓다에게 바쳐지고, 독이 때
로는 약으로 사용되며, 범부를 미혹시키는 애정이 붓다에게는
중생에 대한 자비가 되는 것과 같은 전환이 어떻게 가능하겠습
니까?

세속적인 것을 버리고 성스러운 것을 취한다거나 미혹의 세
계를 버리고 깨달음의 세계를 취한다는 것은 성스러운 것과 깨
달음의 세계에 대한 집착일 뿐입니다. 집착인 한 그것은 세속
적인 것과 미혹의 세계에 대한 집착을 버리듯 버려야 합니다.

존재하는 것은 단 하나의 동일한 사상事象, 동일한 세계입니
다. 그것을 세속적인 것이라고 하거나 성스러운 것이라고 하거

나 혹은 미혹으로 보거나 깨달음으로 보는 것은 사람이 구별하는 것일 뿐입니다. 그 구별에서 집착이 생기고 그것으로부터 모든 잘못된 행위와 번뇌가 생기는 것입니다. 그 구별과 집착을 버리는 것이 무엇보다 중요한 첫걸음입니다. 반야경이나 《유마경》도 그렇게 설하고 있습니다. 모든 것이 꿈이나 마술과 같이 실체 혹은 본성을 가지고 있지 않다면 남자를 여자로부터, 여자를 남자로부터 구별할 이유도 없는 것입니다.

소승 성자들의 생활태도를 꿰뚫는 것은 침착·냉정·비세속적 정신이었다고 해도 좋을 것입니다. 그에 비해 반야경이나 《유마경》에서 그려진 대승의 보살은 정력적이고 미남이며 많은 시녀에게 시중을 받고 모든 교양과 덕목을 구비하며 모든 학문에 능통하고 달변에다 사회적 지위도 높은 부호로서, 지역사회의 영웅적 지도자인 경우가 많습니다.

대승의 보살이 이와 같은 이른바 세속적인 이미지를 가지고 그려진 것은, 그에게는 사회적인 것이 그대로 종교적일 수 있었기 때문입니다. 사회적인 것에 실체가 없고 종교적인 것에도 실체가 없다면 그 둘은 단지 언어상의 구별에 지나지 않고, 양자는 실은 나눌 수 없는 불이不二이기 때문입니다.

4

비말라키르티의 침묵

불이법문에 들다

《유마경》제8장 〈불이법문에 들다〉는 이 경전의 정수라고 할
수 있습니다. 거기서 비말라키르티(유마)는 모여든 보살들에게
질문합니다.

> "고귀한 자들이여, 보살이 불이법문不二法門에 드는 일이 있습니
> 다. 그것이 어떤 것인지 설명해주시기 바랍니다."

서른두 명의 보살이 계속해서 자신의 소신을 말하고 거기서
대승의 법계法界[16]가 현현하게 됩니다. 그 모든 것을 여기에 설
명할 수는 없지만, 몇몇 보살이 대답한 요지를 소개하겠습니다.
마지막에 만주쉬리[文殊], 비말라키르티 이외는 보살의 이름을
생략하고 발언의 순서만 표시하겠습니다.

---

16 법계란 모든 성스러운 법이 발생하는 원인이라는 의미로, 공성 혹은 진
　여와 동의어이다. 혹은 그러한 진리가 펼쳐진 세계 그 자체를 가리키기
　도 한다.

(1) 발생과 소멸이 둘입니다. 그러나 발생하는 것이 없고 일어나는 것이 없다면, 소멸하는 것은 결코 없습니다. 법이 무생이라는 것에 대한 확신[無生法忍]을 획득하는 것, 그것이 불이不二에 들어가는 것입니다.

(3) 더러움과 깨끗함, 이것이 둘입니다. 만약 더러움을 완전히 안다면 깨끗함에 대한 확신도 없어집니다. 모든 잘못된 믿음을 파괴하는 것으로 이끄는 길, 이것이 불이에 들어가는 것입니다.

(8) 선과 악이 둘입니다. 선과 악을 찾지 않고 특징이 있는 것과 특징이 없는 것이 다르지 않다고 안다면 그것이 불이에 들어가는 것입니다.

(10) 이것은 번뇌를 동반하고[有漏], 저것에는 번뇌가 없다[無漏]는 것이 둘입니다. 존재는 평등하다고 알고, 번뇌·무번뇌의 관념이 없으며, 또 없는 것도 아니고, 평등성에 대해서도 평등성을 얻지 않으며 [모든] 관념의 매듭이 풀린다고 이해하면 이것이 불이에 들어가는 것입니다.

(12) 이것은 세간적인 것이고 저것은 출세간적인 것이라는 게 둘입니다. 그러나 세간의 본성이 공일 경우 거기에는 뭔가 그것으로부터 [초세간으로] 나가는 것도 없고 거기에 들어가는 것도 없으며, 가는 것도 가지 않는 것도 없습니다. 이것이 불이에 들어가는 것입니다.

(13) 윤회와 열반이 둘입니다. 윤회의 본질을 꿰뚫는 것에 의해

더 이상 윤회하지 않고 따라서 열반에도 들어가지 않는다고 이해하는 것이 불이에 들어가는 것입니다.

(27) 인식에 의해 둘의 대립이 현실화합니다. 인식이 없으면 둘은 없습니다. 그 때문에 [인식의 결과로] 승인하거나 거부하는 것이 없는 것이 불이에 들어가는 것입니다.

(32) 이상과 같이 이들 보살들은 자신의 설을 설한 후, 만주쉬리를 향해 질문했습니다.

"만주쉬리여, 보살이 불이에 있는 것은 어떤 것입니까?"

만주쉬리가 대답했습니다.

"고귀한 사람들이여, 그대들이 설한 것은 모두 좋습니다. 그러나 그대들이 설한 바는 그것도 또한 모두 둘입니다. 어떤 말도 설하지 않고, 무어無語 · 무언無言 · 무설無說 · 무표시無表示 · 설하지 않는 것 · 말하지 않는 것, 그것이 불이에 들어가는 것입니다.

또 만주쉬리는 비말라키르티에게 말했습니다.

"저희들은 자신들의 설을 설했습니다. 그대도 불이법문에 대해 뭔가 설하시겠습니까?"

그때 비말라키르티는 입을 다물고 한마디도 하지 않았습니다.

그러나 만주쉬리는 비말라키르티를 칭찬했습니다.

"아주 좋습니다. 고귀한 집안의 아들이여, 이것이야말로 보살이 불이에 드는 것입니다. 거기에는 문자도 없고 언어도 없고 마음이 활동하는 것도 없습니다."

- 長尾雅人·丹治昭義 역 《유마경·수능엄삼매경》; 《유마힐소설경》 〈관중생품제칠〉 (TD14, 550b29-551c24)

실체는 언어일 뿐이다

왜 만주쉬리는 불이不二란 어떤 말도 하지 않는 것이라고 하고, 왜 비말라키르티는 침묵하고 말하지 않을까요? 그것은 유위와 무위, 유루有漏와 무루無漏[17], 윤회와 열반, 세간과 출세간, 번뇌와 보리, 나아가서는 5온·12처·18계·5위 75법이라는 범주에 의해 구별된 본질이나 실체가 실재하는 것은 아니고, 언어의 의미가 실체화된 것일 뿐이기 때문입니다. 과거·현재·미래에 걸쳐 영원히 존재하는 실체란 인간의 사유의 세계에서 개념으로만 존재하는 것, 다시 말하면 언어일 뿐인 것입니다.

예를 들어 현재 내 눈앞에 있는 책상이라는 개별적 사물은 실은 '책상'이라는 실체를 가지고 있지 않습니다. 내가 그 앞에 앉아 그 위에 책을 놓고 읽으면 그것은 책상임에 틀림없습니다. 그러나 내가 그 위에 걸터앉으면 의자가 되겠지요? 도끼로 패면 순식간에 장작이 되고, 난로에 넣고 불을 지피면 재가 되

---

17 '루漏'란 번뇌와 동의어로서, 유루는 번뇌를 동반한 것을 의미하고, 무루는 번뇌를 동반하지 않은 것을 가리킨다. 일반적으로 4제 중 도제를 제외한 고제와 집제가 유루, 도제와 3무위가 무루로 분류된다.

어 연기로 사라져 무無로 돌아갑니다.

만약 책상이라는 실체가 있다면 그것은 언제나 동일한 실체로서 기능을 가질 것입니다. 현실에서는, 나는 그 위에서 책을 읽지만, 아이들은 그 위에 올라가 놀고, 고양이는 침대로 쓰고, 개는 다가와 한쪽 다리를 올립니다. 그와 같이 다양한 인식과 효용이 발생하는 것은 그 책상에 책상이라는 실체가 없기 때문입니다.

5
공의 지혜

지혜의 완성

《팔천송반야경》(제29장)은 말합니다.

"모든 것은 이름뿐, 언어표현뿐으로 서술된 것에 지나지 않는 것으로부터 지혜의 완성[般若波羅蜜]에 접근해야 한다. 그러나 어떤 것에 대한 언어표현도 없고, 어떤 것으로부터 [발생하는 언어표현]도 없고, 그 어떤 언어표현도 존재하지 않는다. 모든 것은 언어표현을 벗어나고, 표현되지 않고, 언설되지 않는 것으로부터 지혜의 완성에 접근해야 한다."

공사상은 전환의 사상입니다.《팔천송반야경》은 보살의 수행덕목인 보시布施·지계持戒·인욕忍辱·정진精進·선정禪定·지혜知慧가 여섯 가지 완성[六波羅蜜]이라고 불리는 이유를 설명합니다.

"아난다[阿難]여, 그대는 어떻게 생각하는가? 만약 보시가 일체지로 전환되지 않는다면, 그것은 보시의 완성이라는 이름을 얻을 수 있는가?"
아난다 장로가 말했다.

"그렇지 않습니다, 세존이시여."

세존이 계속하셨다.

"아난다여, [일체지로] 전환되지 않는 지계, 전환되지 않는 인욕, 전환되지 않는 정진, 전환되지 않는 선정에 대해 그대는 어떻게 생각하는가? 아난다여, 그대는 어떻게 생각하는가? 일체지로 전환되지 않는 지혜는 지혜의 완성이라는 이름을 얻을 수 있다고 생각하는가?"

아난다는 대답했다.

"그렇지 않습니다, 세존이시여."

세존이 계속하셨다.

"아난다여, 그대는 어떻게 생각하는가? 많은 행복의 원인이 되는 행위[善根]를 일체지로 전환시키는 방식으로 발전시키는 그 지혜는 불가사의하지 않은가?… 그러므로 아난다여, 그 지혜는 최고이기 때문에 완성波羅蜜이라는 이름을 얻는다. 그래서 그 지혜에 의해 일체지로 전환된 많은 선근이 완성이라는 이름을 얻기에 이르는 것이다."

- 산스크리트본 《팔천송반야경》(Vaidya 본) p.40, 20-28.

전환의 논리

여기 말하고 있는 것은 지혜의 완성[般若波羅蜜], 다시 말하면 공의 지혜가 보시·지계·인욕·정진·선정이라는 세속적인 다른 다섯 가지 덕목을 붓다의 일체지라는 출세간적인 것으로 전환시킨다는 사실입니다. 세속의 선을 성스러운 지혜로 전환하고, 또 성스러운 지혜가 세간의 도덕도 되는 전환을 가능하게 하는 것이 실은 공의 지혜입니다.

여기에서 '전환'이라고 번역한 말은 보통 '회향(回向, pari-ṇāmanā, 동사형 pariṇāmayati)'이라고 하는 말입니다. 회향이란 선근의 공덕을 깨달음이나 일체지로 바꾸는 것[菩提回向] 혹은 자신의 공덕을 타인에게 주는 것, 돌리는 것입니다. 전자는 내용의 전환이고 후자는 방향의 전환에 해당합니다.

회향은 대승불교에서는 지극히 중요한 역할을 가진 술어입니다. 이와 같은 전환은 사물이 공이기 때문에 가능한 것입니다. 여기에서는 회향의 사상에 깊이 들어가지는 않을 생각입니다.

スタディーズ 空

제4장

용석의 근본 입장

1

공의 사상가 용수

반야경과 나란히 공사상의 발전에 크게 기여한 이는 2세기 중반에서 3세기 중반까지 남인도를 중심으로 활약한 사상가 용수(龍樹, Nāgārjuna)입니다. 용수에 대해서는 구마라집이 한역한 전기가 있습니다. 하지만 그것은 전기라기보다는 오히려 전설에 가까운 것으로서, 용수의 인품을 알게 하는 장점은 있지만 역사적 사실을 전하는 것은 아닙니다.

용수는 서력기원 전후 수 세기에 걸쳐 남인도에서 번영한 사타바하나 왕조 안드라 왕국의 한 왕과 친분이 있었고, 그의 종교적 스승이기도 했습니다. 이는 이 지방에 남아 있는 '나가르주나콘다'라는 유적에서나, 또 용수가 이 왕조의 한 왕에게 준 교훈적 편지 《수흐릴레카(Suhṛllekha, 龍樹菩薩勸誡王頌)》나, 같은 성격의 저서 《라트나발리(Ratnāvalī, 寶行王正論)》 등에서도 추정할 수 있습니다. 이 두 작품은 왕에게 세간적인 도덕 및 치세의 길과 해탈의 길을 설한 것입니다.

용수의 저작으로 알려진 저술이 많이 있습니다. 그중 《중론中論》 《회쟁론廻諍論》 《바이달리야 프라카라나[廣破論]》 《인연심론因緣心論》 등은 공사상을 매우 논리적으로 해명한 것으로 저명합니다.

《십지경十地經》[1]의 주석이자 중국이나 일본의 정토교淨土敎에서도 중시된 저서인 방대한 《십주비바사론十住毘婆沙論》도 그의 저서라고 간주됩니다. 또 《이만오천송반야경》의 주석이자 구마라집의 한역으로만 남아 있는 《대지도론大智度論》도, 용

---

1 《십지경》은 《화엄경》 〈십지품〉의 별행경을 가리킨다. 《화엄경》은 인도가 아닌 중앙아시아 호탄에서 편집되었으며, 인도에서는 그것을 구성하는 몇몇 품이 독립적인 경전으로 유행하였다. 이 중 산스크리트로도 현존하는 경전이 《십지경》과 《입법계품》이다. 《십지경》은 보살의 수행 단계를 10지(地 = 단계)로 고찰하는 내용의 경전이다. 《화엄경》에 포함되어 번역된 것 외에 단독으로 한역된 것으로 축법호 역 《점비일체공덕경》 (TD9, No.285), 구마라집 역 《십주경》(TD9, No.286), 시라달마 역 《불설십지경》(TD9, No.287)이 있다.

수 이후 중관학자들의 가필이 많다고는 하지만, 기본적으로는 용수의 사상을 중핵으로 하는 작품입니다.

《중론》은 27장으로 이루어진, 모두 운문으로 쓰인 철학서입니다. 불교의 일반적인 입장에서 12연기와 잘못된 견해를 다루는 제26·27장을 제외하면, 다른 장은 다양한 주제에 대해 예리한 논리로 공사상을 철저히 규명하고 있습니다. 이들 주제의 대부분은 소승불교의 경전해석학인 아비달마의 술어입니다.

예를 들면, 인과, 12처, 18계, 5온, 6계[2](地·水·火·風·空·識), 탐욕, 3상(유위법이 가진 生·住·滅의 성질), 독자부[3]가 주장하는 푸

---

2 6계는 인간을 구성하는 여섯 가지 구성 요소를 말한다. 물질적 신체를 구성하는 요소인 지·수·화·풍 4대에 신체의 빈 공간을 뜻하는 공과 정신적 요소인 식을 추가하여 여섯 가지로 한 것이다.

3 독자부(犢子部, Vātsīputrīya)는 상좌부 계통에 속하는 주류불교의 한 부파이다. 독자(犢子, Vātsīputra)라는 이름의 비구로부터 유래하여 독자부라 한다. 상좌부에서 가장 먼저 분파한 부파로 알려져 있으며, 푸드갈라 pudgala라고 하는 일종의 자아를 인정한 것으로 유명하다. 이 때문에 후에 설일체유부 등에 의한 비판의 표적이 되었다. 이 부파의 문헌은 거의 남아 있지 않으며, 비판자들을 통해 그들 교리의 일부를 확인할 수 있을 뿐이다. 독자부의 지말 부파로는 정량부正量部 등 네 부파가 있다. 후대 현장의 《대당서역기》는 독자부의 지말 부파인 정량부는 인도 내에서 가장 강력한 부파 중 하나였음을 보고하고 있다.

드갈라pudgala[4], 실체, 행위[業], 탐貪 · 진瞋 · 치癡 3독毒[5], 4제諦[6],

---

4 푸드갈라pudgala는 독자부가 주장하는 일종의 자아 개념이다. 한역에서
는 인人이라고 의역하거나 보특가라補特伽羅라고 음사한다. 산스크리트
'푸드갈라'는 사람을 뜻하는 가장 일반적인 단어이지만, 교리적으로 사
용되면 윤회와 해탈 그리고 업의 주체로서 일종의 자아ātman와 동일시
된다. 무아설을 주장하는 불교 입장에서 독자부의 푸드갈라설은 후대에
이르기까지 '목에 걸린 가시'라는 평가를 받았다. 독자부의 푸드갈라설
에 반기를 들고 분파한 설일체유부는 이 푸드갈라 개념을 비판하면서 초
기불교의 실천적 무아설을 형이상학적 무아설로 발전시켰다.

5 3독毒이란 탐욕貪欲 · 진에瞋恚 · 우치愚癡 등 세 가지 근본적인 번뇌를 독
에 비유한 것이다. 탐욕이란 자신이 원하는 것을 소유하고자 하는 욕망
을, 진에란 자신을 해치는 것을 미워하는 것을 말한다. 우치는 이러한 모
든 번뇌의 근본이 되는 어리석음을 가리킨다. 이 세 번뇌의 반대인 무탐
無貪 · 무진無瞋 · 무치無癡는 모든 선업의 근본이 된다고 하여 3선근善根이
라 불린다.

6 4제諦는 석가모니 붓다가 깨달은 불교의 근본 진리다. 4성제聖諦라고도
한다. 성제란 성자들의 진리라는 뜻이다. 오직 성자만이 이 진리를 깨달
을 수 있으며, 이 진리를 깨달으면 성자가 되기 때문이다. 4제는 고제苦
諦 · 집제集諦 · 멸제滅諦 · 도제道諦로 구성되어 있다. 이 중 고제란 생 · 노 ·
병 · 사의 4고 혹은 여기에 애별리고(愛別離苦, 사랑하는 사람과 헤어지는
고통) · 원증회고(怨憎會苦, 싫어하는 사람과 만나는 고통) · 구부득고(求
不得苦, 구하고자 해도 구할 수 없는 고통) · 오온성고(五蘊盛苦, 요컨대 심
신은 고통이다)를 합한 8고를 말한다. 집제란 고제의 원인[集]이 되는 진
리라는 뜻으로 갈애(渴愛, tṛṣṇā)를 가리킨다. 갈애란 목마른 사람이 물을
찾듯 욕망의 대상을 욕망하고 집착하는 것이다. 멸제란 고통을 소멸시킨
상태로서 진리인 열반을 말한다. 도제란 고통을 벗어나는 방법으로서 진

열반과 윤회 등으로서, 이들 주제를 분석·비판하고 최고의 진실로서 공을 이끌어냅니다.

인도에서 용수의 후계자들은 용수를 시조로 하는 자신들의 학파를 중관파(中觀派, Madhyamaka)로 부르게 되었습니다. 구마라집이 5세기 초에 중관파의 사상을 중국에 소개했습니다. 중국·일본에서는 이 학파를 삼론종이라고 불렀습니다. 삼론이란 《중론中論》·《백론百論》·《십이문론十二門論》 등 세 저서를 말합니다. 중국·일본에서는 이 세 책을 근거로 해서 이 학파의 사상을 연구했기 때문에 삼론종이라고 부르게 된 것입니다. 일본의 남도 6종[7] 안에도 삼론종이 포함되어 있습니다.

─────────

리를 의미하며, 8정도를 가리킨다.

[7] 남도南都란 일본 나라奈良의 별칭으로서, 남도 6종이란 나라 시대 (710~794)에 헤이조쿄平城京를 중심으로 활약한 여섯 종파를 일컫는다. 곧 법상종法相宗 삼론종三論宗 구사종俱舍宗 성실종成實宗 화엄종華嚴宗 율종律宗을 말한다.

2

무집착으로서 공

자아의 고찰

이제부터 《중론》의 중요한 장에 나타난 용수의 게송을 소개하면서, 그의 공의 철학을 해설하겠습니다.

먼저 《중론》의 제18장 〈관법품〉에 의거해서 용수의 기본 입장을 설명하고자 합니다. 제18장은 12개의 게송으로 이루어진 비교적 짧은 장입니다. 도입부의 네 게송과 여섯 번째 게송은 자아에 대해 논하고 그 외 게송은 공의 진리에 대해 논하고 있습니다.

이 장의 표제는 판본에 따라 '자아의 고찰' '사물[法]의 고찰' 혹은 '자아와 사물의 고찰'로 되어 있어 다양합니다. 저는 이 장이 앞서 반야경에 대해 설명하면서 언급한 3삼매(= 3解脫門)에 대한 고찰이라고 생각합니다. 이 장의 기조가 무집착, 곧 무원無願과 인식 및 언어의 대상의 부정[無相], 그리고 최고의 진실로서의 공이라고 생각하기 때문입니다.

만약 자아가 심신의 요소들[蘊]과 동일하다면, 그것은 생멸하는 것이 될 것이다. 심신의 요소들과 별개라면, 그 요소들은 특징이 없는 것이 될 것이다.

자아가 없을 때 어떻게 자기 소유물[我所]이 있겠는가. 자아와 자기 소유물의 소멸에 의해 사람은 자아의식도 없고 소유의식도 없는 자가 된다.

자아의식, 소유의식과 분리된 사람도 존재하지 않는다. 자아의식이나 소유의식과 분리된 사람이 있다고 보는 자는 [진실을] 보지 못한다.

안과 밖에 '나'도 없고 '내 것'도 없다면 집착[取]은 소멸하고 이 소멸에 의해 재생도 다한다.

- 《중론》 제18 〈관법품〉 1-4

집착의 소멸

제4 게송은 명백히 집착, 전문술어로 '취取'라고 불리는 것을 주제로 하고 있습니다. 4제나 연쇄연기설連鎖緣起說(연기설에 대해서는 나중에 정리해서 설명하겠습니다) 가운데 애愛(渴愛)는 무명無明과 함께 고苦의 가장 중요한 원인으로 간주되고 있습니다. 12연기설에서 애 직후에 오는 취(집착)란 애착의 대상을 '자기 것으로 만드는 것'입니다.

예를 들어 어떤 여성을 사랑하는 남자가 이 여성을 아내로 삼아, 자기 것으로 배타적으로 소유하고 싶어 하는 것처럼 대상에 대한 애착이 더욱 강해져서 그것을 자기 것으로 삼으려고 하는 것이 집착입니다.

다음에 오는 제5 게송은 해탈이 어떻게 가능한가를 설하는 것이기 때문에 제4 게송에 직접 이어지고 있다고 할 수 있습니다. 그리고 이 시구에 앞선 제1 게송부터 제3 게송까지는 집착의 최고봉인 자아의식과 소유의식을 논하고 있어서, 제4 게송의 도입부가 되고 있습니다. 제가 앞서 앞의 네 게송은 무원삼매無願三昧라고 언급하고 제5 게송 이하는 공삼매空三昧와 무상삼매無相三昧에 해당한다고 말한 것은 바로 이 때문입니다.

오온과 자아

심신의 요소들이라고 말한 것은 지금까지 몇 번이나 나온 5온을 가리킵니다. 중생의 개체 존재와 그 환경을 구성하는 물질·감각·표상·의욕·식별작용이자 모든 존재를 총괄하는 것입니다.

소승불교의 아비달마에서는 5온이라는 유위 외에 열반이나 허공과 같은 무위의 존재도 인정하고 있습니다. 그러나 경량부나 용수는 무위의 존재를 인정하지 않기 때문에 5온이 문자 그대로 모든 존재를 의미합니다. 더구나 그 5온은 발생하거나 소멸하거나 하는 무상한 존재입니다.

불교 이외의 수많은 다른 종교나 학파가 주장하는 자아는 생멸변화를 넘어선 상주하는 실체입니다. 만약 그 자아가 5온 전체 혹은 그 일부와 같은 것이라면, 자아도 5온처럼 생멸변화하는 것이 되어서 불변불멸의 실체라는 정의에 어긋나 버리고 맙니다. 만약 자아가 5온 이외의 것이라고 한다면, 다시 말해 5온의 성질을 갖지 않은 것이라고 한다면, 그와 같은 것은 존재하지 않습니다. 5온만이 존재하는 것이기 때문입니다.

용수의 논의는 '자아가 5온과 동일하다면 그것은 생멸하는 것이다. 자아가 5온과 별개라면 그것은 존재하지 않는다'고 하는 딜레마가 되어 있습니다. 이 딜레마는 용수 논리의 핵심이라고 할 수 있습니다.

해탈의 주체

아我·아소我所라고 함께 말하는 것처럼, 아소, 곧 자아에 속한 것, 자아의 소유물이 자아와 나란히 거론됩니다. 예를 들어 어떤 사람의 심신은 그 사람의 자아에 속하는 것이기 때문에 심신, 곧 5온이라는 소유물이 있다면 그 소유의 주체인 자아가 없으면 안 된다는 반론이 예상됩니다. 그러나 용수는 자아가 없을 때 어떻게 심신이 자아에 속한다고 간주하는 것이 가능한가 하고 말하면서 이 반론을 받아들이지 않습니다.

자기와 자기의 소유물이 없다면 사람은 자아의식과 소유의식을 가지지 않은 자가 됩니다. 그러나 자아가 없다는 의식 혹은 사상과 자기의 소유물이 없다는 의식 혹은 사상은 누군가에

귀속하지 않으면 안 됩니다. 다시 말하면 자아의식과 소유의식을 갖지 않은 사람이 없다면 자아의식과 소유의식으로부터 벗어난다는 것도 성립하지 않으며, 해탈했다고 하더라도 해탈하는 주체로서 사람이 없다면 해탈 그 자체가 있을 수 없다는 반론이 예상됩니다.

그러나 그와 같이 끝까지 해탈의 주체를 세우는 것도 자아의식에 대한 집착과 같기 때문에, 그렇게 생각하는 사람은 공의 진리를 보지 못한다고 용수는 말합니다. 재생으로부터 해탈은 해탈의 주체를 필요로 하지 않는 공의 진리 그 자체라고 용수는 말합니다.

3
인식과 언어

판단과 다양한 생각

행위와 번뇌가 다하는 것으로부터 해탈이 있다. 행위와 번뇌는 판단[分別]으로부터 발생한다. 그들 [판단]은 다양[한 생각]에 의존한다. 그리고 다양[한 생각]은 공성에서 소멸한다.

- 《중론》 제18 〈관법품〉 5

마음의 대상이 소멸할 때 언어의 대상이 멈춘다. 열반과 마찬가지로 사물의 진리[法性]는 발생한 것도 소멸한 것도 아니다.

- 《중론》 제18 〈관법품〉 7

다른 것을 통해서 알지 못하고 적정이며, 다양[한 생각]에 의해 다양화하지 않고, 판단을 벗어나서 다양성을 초월한다. 이것이 진실의 형태이다.

- 《중론》 제18 〈관법품〉 9

논의의 일관성을 확보하기 위해 제6과 제8 두 게송은 생략합니다. 우리의 미혹된 생존은 행위에 동반한 번뇌에서 발생한다는 것이 불교의 통설입니다. 번뇌와 그 위에 이루어지는 행위가 다하면 미혹된 생존으로부터 해방, 곧 해탈이 달성됩니다. 번뇌와 행위의 근거를 용수는 '판단[分別]'에서 찾았습니다. 6세기 주석가 청변[8]에 따르면 판단이란 어떤 대상을 '바람직하다거나 바람직하지 않다고 구상하는 것'입니다.

여기서 판단이라고 약간 부드럽게 번역한 말은 전문술어로는 '분별(分別; 판단·사유)'을 가리킵니다. 분별이라고 해도 부모가 자식을 야단치면서 '조금은 분별을 가져라' 하고 말하는 것과 같은 분별은 아닙니다.

불교에서 분별(分別, vikalpa)이라는 것은 '둘로 나누는 것', 곧 판단 혹은 분석적 사유로서, 이것은 언제나 미혹의 근거라는 좋지 않은 의미로 사용됩니다.

판단은 가치판단을 예로 들면 알기 쉽다고 생각합니다. 사람이든 사물이든 어떤 것을 '이것은 바람직하다' '이것은 바람직하지 않다'고 판단하면, 그 판단 위에 그 대상에 집착하거나 역으로 그것을 피하거나 하는 번뇌와 행위가 일어나서 거기에 미

---

8 청변(淸辨, Bhāviveka, 490-570)은 중기 중관파에 속하는 학승이다. 청변은 그의 《반야등론》에서 귀류논증을 주장하는 불호(佛護, Buddhapālita, 470-540)를 비판하고 《중론》의 주장을 긍정적 논증식으로 구성하여 주석하는 방법을 제시하였다. 이에 따라 청변은 티베트의 분류방식으로는 자립논증파로 분류된다.

혹된 생활이 발생합니다. 용수는 판단의 근거를 다시 추구해서 판단은 '다양한 생각'에 의해 일어난다고 합니다.

구마라집은 '다양한 생각'을 '희론戲論'이라고 번역했습니다. 희론이란 희롱이란 의미가 아니라, 아마도 다양한 언어라는 의미일 것입니다.

어느 쪽이든 원어 프라판차prapañca는 어떤 단일한 것이 다종다양하게 발전하는 것입니다.《숫타니파타》에 나오는 이 말의 팔리어형(papañca)을 나카무라 하지메 선생은 '확장하는 의식'이라고 번역하고, K. R. 노만 선생은 '다양화diversification'라고 번역하고 있습니다. 본래는 단일하고 적정했을 우리의 의식이 다원적이 되고 복수로 발전합니다.

혹은 다양화란 단일하고 전체적이었던 직관의 세계를 우리가 복수의 개념으로 분할하는 것이라고도 할 수 있습니다. 분별, 곧 판단은 주어·술어·계사[9]라고 하는 적어도 세 개의 명사 혹은 개념이 없이는 성립하지 않습니다(산스크리트나 팔리어로는 때때로 계사는 생략되지만, 그래도 두 개의 명사가 필요합니다. 개념은 곧 관념이고 그것이 언어에 의해 표현되었을 때 명사라고 합니다).

추리 혹은 사유와 같은 고도의 개념지에서는 그들 판단이 조

---

9 계사繫辭란 주어와 술어를 연결하는 동사를 가리킨다. 대표적으로 영어의 'be' 동사가 계사에 해당한다. 한국어에서는 '이다'가 계사 역할을 한다.

합되어서 다수의 개념이 필요하게 됩니다. 요컨대 판단이나 사유라는 분별의 근거는 복수의 다양한 개념에 있기 때문에, 그런 의미에서도 판단은 다양한 생각에서 발생하는 것입니다.

직관의 세계

제7 게송에서 용수는 우리의 순수하고 단일하며 전체적인 의식, 다시 말하면 직관의 세계를 묘사하고 있습니다. 용수에 의하면 그와 같은 세계야말로 사물의 본성[法性]이자 진리입니다. 그것은 인간의 개념에 의한 한정을 거부하는 것입니다.

예를 들어 내가 어떤 방에 들어간 순간, 방은 전체로서 한꺼번에 내게 직관되고, 나의 의식과 방이라는 분열은 없습니다. 그것은 내 의식도 아니고 방도 아닌 세계입니다. 그러나 한순간 후에는 이것은 천정, 이것은 책상, 이것은 벽, 이것은 사람이라는 식으로 분석을 시작합니다.

이와 같은 개념에 따른 분석에 의해, 인식은 명석성을 증가해간다고 보통은 생각합니다. 과연 그럴까요? 천정을 판단하고, 책상이나 인간을 판단하고 있을 때는 직관 안에 있던 단일성이나 전체성은 분석되어서 잃어버리고 맙니다. 그것은 실은 본래의 세계를 인간의 입장에서 분석하고, 그 때문에 원래의 직관적 순수성을 파괴해 버리고 마는 것이 됩니다.

용수는 말합니다. "마음의 대상, 엄밀히 말해 대상의 개념화

가 소멸해 있는 직관의 세계에는 언어의 대상, 곧 대상의 언어
화도 존재하지 않는다. 그와 같이 개념이나 언어가 발생하거나
소멸하는 것이 없는 세계가 본래 있는 그대로의 진리이고 그
것이 열반에 비유된다. 진실은 그 자체로서 직관되는 것이어서
다른 것, 곧 개념이나 말, 다른 사람의 가르침에 의해 알려지는
것이 아니다. 그것은 다양성에 기초해서 일어나는 이런저런 생
각이나 판단 그리고 사유를 넘어서 있는, 그런 의미에서 절대
적으로 정적인 것이다." 그것이 요가행자가 깊은 명상 속에서
파악하고 있는 진실입니다.

공 공부

4

언어를 넘어선 것

아름다운 찻사발

다양한 생각에서 일어나는 분별에 의해 번뇌와 행위가 일어나기 때문에 미혹된 생활에 빠지고 해탈할 수 없다는 것은 조금 이해하기 어려울지도 모르겠습니다. 다음과 같은 상황을 상정해 봅시다.

내가 거리를 산책하다가 한 고물상 앞에 있는 아름다운 찻사발을 본다고 합시다. 그것을 보고 아름답다고 느끼고 있는 한 나는 평화롭고 미혹도 없습니다. 그러다, 잠깐 기다려봐, 혹시나 이 찻사발이 혼아미 고에쓰[10]가 만든 명품이 아닐까 하고 내가 분별하기 시작했다고 합시다. 그 가치 판단에 따라 나는 돈벌이라는 번뇌를 불태우고, 있는 돈을 다 쏟아부어 찻사발을 구입한다고 해봅시다. 돈을 벌었다고 생각했지만, 막상 그 찻사발을 감정해봤더니 모조품이라는 게 밝혀져, 나는 큰 손해를 보고 말았습니다. 낙담해서 죽고 싶다고 생각할지도 모릅니다.

---

10 혼아미 고에쓰(本阿彌光悅, 1558-1634). 모모야마 시대에서 에도 초기에 걸쳐 활약한 서예가, 칠기 공예자, 도공.

그런데 찻사발을 감상하고 있는 직관의 세계에서는 다양한 생각도 판단도 없습니다. 그러다 기다려봐, 이것은 진품일까 모조품일까, 틀림없이 진품이야 하고 판단했을 때, 원래 있는 그대로의 아름다운 모습의 찻사발은 어디론가 사라지고 판단과 번뇌와 매입이라는 행위만 남습니다.

찻사발은 그 스스로가 나는 진품이야, 하고 말하지 않았고, 모조품이라고도 말하지 않았습니다. 그것을 진품이라고 판단한 것도, 모조품인 것을 알고 낙담한 것도 모두 내 판단이고 사유일 뿐입니다. 찻사발 자체는 나의 판단을 넘어서 원래 그 모습으로 아름답게 빛나고 있는 것입니다. 그것은 원래 진품도 아니고 모조품도 아니었습니다. 나는 나 자신의 판단과 번뇌에 휩쓸려 쓸데없는 행위를 하고 말았을 뿐입니다.

그 미혹된 생활에서 벗어나는 길은 어디에 있을까요? 너무나도 인간적인 다양한 생각·판단·사유, 거기에 이은 번뇌와 행위를 버린 공의 세계로 돌아가는 수밖에 없습니다. 공이란 인간의 개념·언어·판단·사유·번뇌·행위가 없는 것과 다르지 않습니다.

눈앞의 모기

7세기의 《중론》 주석가 찬드라키르티[11]는 다음과 같은 비유로 공을 설명하고 있습니다. 현대의 병명으로는 백내장 혹은 비문 증飛蚊症 같은 것일까요? 그런 눈병이 있는 사람 눈앞에 언뜻 언뜻 모기 같은 것이 날아다닙니다. 왜 이런 모기가 있을까 하고 의아스럽게 생각하고 물구나무를 서보거나 돌아보거나 합니다. 그러나 아무리 해도 모기는 없어지지 않습니다. 친구에게 "모기가 날아다녀" 하고 호소합니다. 친구는 "모기가 있을 리가 없어. 네 눈이 나쁘기 때문에 그림자가 보이는 것뿐이야" 하고 가르쳐 주었습니다. "아, 그렇구나!" 하고 알기는 했지만 여전히 모기는 날아다닙니다. 안과에 가서 치료를 받았더니 모기가 없어졌습니다.

그런데 여기서 이게 뭘까 하고 생각합니다. 모기는 보였지만 실제로 있었을 리는 없습니다. 그러므로 모기가 없어졌다고도

---

11 찬드라키르티(Candrakīrti, 月稱, 600~650)는 7세기 초에 활약한 중기 중관학파의 대표적인 인물이다. 티베트의 중관학파 분류법에서는 귀류논증파의 시조로 간주된다. 대표작으로는 《중론》을 주석한 《명구론(明句論, Prasanna-padā)》와 독자적인 저작인 《입중론(入中論, Madhayamakāvatāra)》이 있다. 전자는 자립논증을 주장한 청변을 비판하는 귀류논증을 주장하고 있으며, 후자는 10지에 기반해 보살의 수행도를 밝히고 있다. 동아시아에는 찬드라키르티는 전혀 알려지지 않았고, 그의 저서가 번역되지도 않았지만, 티베트에서는 중관학파의 주류로서 큰 영향을 미쳤다.

말할 수 없습니다. 처음부터 없었던 것이 없어질 리가 없기 때문입니다. 그러면 이 모기는 있었던 것도 아니고 없어진 것도 아니라고밖에 말할 수 없습니다. 공이란 그런 것이라고 찬드라키르티는 말합니다.

앞서 찻사발의 비유에서도 찻사발은 처음부터 진품이었던 것도 아니고 진품이 아니었던 것도 아닙니다. 진품이거나 진품이 아니라고 하는 것은 내가 마음대로 생각한 것이고, 찻사발 자체와는 관계없는 것입니다.

사물 그 자체는 공

용수는 앞서 제18장 〈관법품〉 제7 게송에서 법성法性, 다시 말해 공의 진리는 발생한 것도 아니고 소멸한 것도 아니라고 말합니다. 여기서는 발생과 소멸을 모순개념으로 다루고 있기 때문에 이것은 발생한 것도 아니고 발생하지 않은 것도 아니라고 바꾸어 말해도 좋습니다. 그리고 어떤 것에 대해 발생했다거나 소멸했다고 말하는 것은 어디까지나 인간의 개념, 언어와 관계되는 것으로서 사물 그 자체는 발생한 것도 아니고 발생하지 않은 것도 아닙니다.

곧 사물 그 자체는 인간의 개념이나 말을 넘어서 있는 것이고, 그런 의미에서 공이라고 말하는 것입니다. 찬드라키르티의 비유에서도 모기는 있었던 것도 아니고 없었던 것도 아닙니다.

유와 무를 동시에 초월해 있다는 것이 공으로서 사물의 존재 방식이 됩니다. 제9 게송은 공의 진리가 타인에 의해 가르쳐지는 것도 아니고 다양한 생각(개념)이나 판단·사유를 초월해 있다고 말하고 있습니다. 요컨대 명상 속에서 직관되고 있는 최고의 진실은 인간의 개념이나 언어에 의해서는 인식되지 않고 특징에 의해 규정되지 않는다고 말하고 있기 때문에 이것은 무상삼매에 해당한다고 말할 수 있습니다. 제18장을 굳이 3해탈문으로 해석하지 않아도 좋습니다. 하지만 저는 용수가 여기서 자신의 기본적 입장을 보여주고자 3해탈문에 준하여 기술한 것이라고 생각합니다.

スタディーズ空

공의
논리

1

유도 아니고 무도 아니다

실체와 공

설일체유부의 학자들에 따르면 우리의 사유 안에 있는 불은 변화하지 않고 영원히 실재하는 것입니다. 영원히 실재하는 불이 탄다고 하는 작용과 결합해서 현재의 한순간 현상세계에 나타나는 것이 지각되는 불입니다. 이러한 불변·불멸의 실재를 유부는 자성/자체svabhāva나 자상svalakṣaṇa 혹은 실체dravya 등으로 부릅니다. 용수는 이와 동일한 뜻으로 자성svabhāva이라고 부릅니다.

서양철학에서는 이와 같은 개념을 실체 혹은 본질이라고 부릅니다. 그것은 지각되고 생성변화하는 다양한 성질이나 상태 혹은 작용이라는 현상의 근저에 있고, 자기동일성을 유지하는 영원한 존재이자, 자신의 존재를 위해 다른 어떤 것도 필요로 하지 않는 것입니다. 현상하는 것이 우연적임에 대해서 실체는 본질적이고, 또 현상하는 개별적 사물은 그 실체 혹은 본질을 모사함으로써 존재한다고 생각하고 있습니다.

유부는 그와 같은 실체가 다수(18종, 다시 세분하면 75종) 존재한다고 주장합니다. 반야경이나 용수에게는 실체란 개념이나 언어가 실체로서 존재한다고 집착된 것에 지나지 않고, 실재하는 것은 아닙니다. 그런 의미에서 모든 것은 실체를 가지지 않는 공이라고 말했습니다.

공은 무無 혹은 비존재非存在가 아니기 때문에, 앞서도 말한 것처럼, 있는 것도 아니고 없는 것도 아닙니다. 공은 때때로 꿈이나 마술로 비유됩니다. 꿈에서 본 것 또는 마술이나 환영은 실재하는 것도 많고, 또 보이고 있는 이상 전혀 없다고도 말할 수 없습니다. 세상에 있는 모든 것이 이와 같이 있는 것도 아니고 없는 것도 아닌 공이 되는 셈입니다.

책상과 요강

실체라든가 본질이라고 말하면 우리의 일상생활과는 관계없는 것처럼 생각하지만 결코 그렇지는 않습니다. 예를 들어 교실에는 많은 책상이 있습니다. 하나하나의 책상, 개별적 사물로서의 책상은 책상이라는 본질을 나누어 가지고, 그것을 모사함으로써 책상이라고 불립니다. 책상은 책상의 본질을 갖고 있기 때문에 책상 이외의 다른 것이 되지 않습니다.

그리고 그와 같은 실체는 정도의 차이는 있지만 신성시되는 것이 일반적입니다. 그런 이유로 책상 위에 걸터앉는다거나 엎드리지 않습니다. 초등학교에 갔을 때 책상에 걸터앉으면 선생님이 와서 책상에 걸터앉지 말라고 야단을 쳤습니다. 이것은 책상이 책상의 실체를 갖고 있고 의자가 아니기 때문에 걸터앉으면 안 된다는 관념이 모두에게 공유되어 있기 때문입니다. 서양에서 원자와 함께 실체로 간주된 것은 신神이었습니다. 신은 태어난 것도 아니고 죽지도 않으며, 불변하고 영원한 존재이며, 또한 가장 신성한 존재입니다.

꽤 오래전의 일입니다. 집을 개축했을 때 툇마루 밑에서 사용하지 않은 요강이 나왔습니다. 가만히 보니 구워진 상태도 좋고 모양도 좋았습니다. 저는 정원에 구덩이를 파서 요강을 3분의 2정도 땅에 묻고, 물을 부어 물풀을 띄우고는 금붕어 따위를 넣었습니다.

다음 날 목수가 와서 내게 말했습니다.

"주인어른, 요강에 금붕어를 키워서는 안 됩니다."

저는 말했습니다.

"이것은 아직 사용하지 않은 요강이잖아요. 게다가 지금은 물을 채워 금붕어가 헤엄치고 있으니 이것은 어항이지 요강이 아닙니다."

요강은 요강으로서 실체도, 어항으로서 실체도 갖고 있지 않습니다. 사용하는 데 따라 어떤 것이라도 됩니다. 흙을 넣어 나무를 키우면 화분이 되기도 합니다. 공이란 그런 것입니다.

실체의 정의

용수는《중론》제15장〈관유무품觀有無品〉에서 실체를 정의하고 이어서 그와 같은 실체는 존재하지 않는다는 것을 논하고 있습니다.

> 어떤 실체가 원인이나 조건들에 의해 발생하는 일은 있을 수 없다. 원인과 조건들로부터 발생한 실체는 만들어진 것이 되고 만다. 그런데 어떻게 실체가 만들어진 것일 수 있는가? 실체란 만들어지지 않은 것, 다른 것에 의존하지 않는 것이기 때문이다.
>
> - 《중론》제15〈관유무품〉1-2

> 사물이 본질로서 존재성을 가진다면, 그것은 비존재가 되지 않을 것이다. 왜냐하면 본질prakṛti에는 결코 변화가 있을 수 없기

때문이다.

- 《중론》제15 〈관유무품〉 8

이 세 게송은 유부나 그 밖에 실재론자들이 생각하고 있는 실체를 훌륭히 정의하고 있습니다. 실체란 자신의 존재를 위해 다른 어떤 것도 필요로 하지 않는 자립적인 존재입니다. 그러므로 실체는 원인·조건으로부터 발생하는 것이 아닙니다. 실체는 어디까지나 자기동일성을 유지하는 영원한 존재이기 때문에 결코 변화하지 않습니다. 실체가 비존재로 돌아가는 것은 있을 수 없습니다.

용수는 제8 게송에서 실체에 대해 샹캬학파가 세계의 원인으로서 원초적 실체의 의미로 사용하고 있는 프라크르티prakṛti라는 말을 쓰고 있습니다. 그 때문에 그 게송은 샹캬학파를 비판하기 위한 것이라는 해석도 가능합니다. 그러나 용수는, 어떤 특정한 학파를 염두에 두었다고 해도, 그 특수한 교의를 사물에 대한 기본적인 사고방식으로 환원해서 비판하는 것이 일반적입니다. 따라서 여기서도 일반적인 '본질'로 이해해도 좋다고 생각합니다. 제2와 제8 게송 사이에는 실체를 자自·타他·존재存在·비존재非存在로 나누어서 고찰하는 다섯 게송이 삽입되어 있지만, 논리적으로는 제2 게송에서 제8 게송으로 이어진다고 보면 문제가 없습니다.

네 가지 실체

실체에 해당하는 자성(自性, svabhāva)이라는 산스크리트는 문자 그대로는 '자체적 존재, 자기존재svo bhāvaḥ'를 의미합니다. 거기에 '자기'라는 의미가 포함되어 있기 때문에 '타자적 존재, 타자존재'라는 말을 암시합니다. 어느 것도 실체라는 의미에는 변화가 없습니다. 거기서 용수는 실체를 자기존재sva-bhāva · 타자존재para-bhāva · 존재 그 자체bhāva · 비존재 그 자체a-bhāva라는 네 가지로 나누어서 논의를 전개했습니다.

자기존재가 없을 때, 어떻게 타자존재가 있을 수 있는가. 다른 존재의 자기존재가 타자존재라고 불리기 때문이다.

자기존재와 타자존재를 떠나 어떻게 존재 그 자체가 있을 수 있는가. 자기존재와 타자존재가 있어야만 존재 그 자체가 성립하기 때문이다.

만약 존재 그 자체가 없다면 비존재 그 자체는 결코 성립하지 않는다. 사람들은 존재 그 자체가 변화해 있는 상태를 비존재라고 하기 때문이다.

자기존재와 타자존재와 존재 그 자체와 비존재 그 자체를 보는 사람들은 붓다의 가르침에서 진실을 보지 못한다.

《카티야야나에 대한 가르침》에서 존재와 비존재를 바르게 알고 있는 세존은 '있다'와 '없다'를 동시에 부정했다.

　존재 그 자체, 존재자체bhāva라는 말은 실체 관념을 잘 말해
주고 있습니다. 이 존재, 저 존재라는 구체적인 존재를 떠나서
우리는 사물 그 자체, 존재 그 자체를 볼 수 없습니다. 그러나
언어상으로는 존재 그 자체라는 표현도 가능하고 그것이 실체
관념이 되는 것입니다.

　불교에는 옛부터 어떤 사물을 고찰할 때, A, B(= 非A), A이자
B, 비A이자 비B라는 네 구로 나누어서 음미하는 습관이 있었
습니다. 보통 '4구 분별'이라고 불리고 있습니다. 이것은 다양
한 형태로 다양한 주제에 적용되어 반드시 논리적으로 일정한
의미로 사용되는 것은 아니기 때문에 여기서 깊이 들어가지는
않겠습니다.

　산스크리트로 '실체'를 의미하는 말이 '자기존재'도 함의하기
때문에, 용수는 타자존재라는 표현을 끌어내어 자기존재와 타
자존재에 공통적인 존재 그 자체와 그것의 모순 개념인 비존재
그 자체를 끌어낸 것이겠지요. 그리고 《카티야야나에 대한 가
르침》[1]이라는 유명한 경전에 있는 '있다'와 '없다'에 결부시킴

1　《카티야야나에 대한 가르침》이란 한역 잡아함경 제301경 《가전연경》
　(TD2, 85c17-86a3)을 가리킨다. 붓다가 가전연을 상대로 정견正見이란

니다. 《카티야야나에 대한 가르침》에는 '카티야야나여, 이 세상 사람들은 대략 두 가지에 집착하고 있다. 있다는 것과 없다는 것이다'라는 붓다의 말씀이 나타나 있습니다.

공은 상대성

공이 '없다'는 것이 아니라 '있는 것도 아니고 없는 것도 아니다'를 의미한다고 이미 언급한 바 있습니다. 예를 들어 길고 짧음이라는 것을 생각해 봅시다. 10킬로미터는 5킬로미터에 비하면 길지만 15킬로미터에 비하면 짧습니다. 그러므로 10킬로미터에는 길고 짧음이라는 본성이 있는 것이 아님을 알 수 있습니다.

사실 10킬로미터는 길기도 하고 짧기도 하지만 그것은 그대로 길지도 않고 짧지도 않다는 것과 동일합니다. 길기도 하고 짧기도 하다는 것은 어떤 길이에 거리라는 실체가 없다는 것을 의미합니다. 그러나 그것은 길이가 전혀 없다는 것도 아닙니다. 그러므로 10킬로미터에는 거리가 있는 것도 아니고, 거리가 없는 것도 아니게 됩니다. 사물이 상대적이라는 것은 그런 것입니다. 공도 상대성이라고 바꾸어 말할 수 있습니다.

유와 무라는 양 극단을 떠난 중도임을 설한 짧은 경전이다.

만약 본질이 없다면, 변화라는 것은 어떤 것의 [변화]인가? 그리고 본질이 있을 때는 변화란 어떤 것의 [변화]인가.

- 《중론》 제15 〈관유무품〉 9

실체 혹은 본질이란 변화하지 않는 영원한 것입니다. 현상세계에서 모든 것은 항상 변화하고 무상한 것이며, 본질은 자기 동일성을 유지하는 것입니다. 동일성과 변화는 상대 개념입니다. 우리가 변화를 생각할 때는 동일성을 전제로 합니다. 동일성이라고 할 때는 변화에 대한 동일성을 생각하고 있는 것입니다. '변화한다'는 것은 '무언가가 변화한다'는 것이어서 이 '무언가'가 없을 때는 '변화'는 생각할 수 없습니다. 그 '무언가'가 동일성에 해당합니다. 그러므로 동일성이 없으면 변화는 생각할 수 없고, 변화를 생각하지 않고 동일성을 문제시할 수도 없습니다.

언어와 실재

언어, 엄밀하게는 어떤 개념이라고 하는 것은 늘 세계(논의영역)를 둘로 나눕니다. A라고 하면 세계는 A와 A 아닌 것, 곧 A와 비非A로 양분됩니다. 이것은 우리 언어의 기본 성질입니다. 그래서 우리는 A를 생각하거나 말하거나 할 때는 반드시 배후에 비A를 상정하고 전제로 합니다. 그러나 그것은 우리의 언어에 의

한 판단·사유의 습관일 뿐입니다. 사실 A와 비A를 실재한다고 생각하면 곧바로 모순이 생기고 맙니다. A라고 하는 자기동일적인 본질이 왜 변화하는가 하는 문제가 발생하기 때문입니다.

6세기에 활약한 불교논리학자 진나[2]는 어떤 개념은 그 모순 개념의 부정으로서 성립하는 것이지 실재하는 대상을 언급하는 것은 아니라는 아포하(apoha, 다른 것의 배제) 이론을 설했습니다. A라는 개념은 비A의 부정으로서 있을 뿐이어서 A에 상당하는 실재에 관계하는 것은 아니라는 것입니다. 실재론자는 예를 들어, 빨간색·흰색·검은색·얼룩 등의 색을 가진 소에게는 우성牛性 혹은 소 일반이라는 실재하는 종種, 다시 말하면 실체로서의 소가 내재해 있다고 생각합니다. 그러나 진나는 소의 종이 실재하는 것이 아니고 소라는 개념은 다만 소가 아닌 것을 부정하고 그것으로부터 구별되어 성립하는 관념일 뿐이라고 합니다.

---

2 진나(陣那, Dignāga, 480-540)는 불교 인식논리학, 곧 인명학(因明學, He-tu-vidyā)의 정초자이다. 그는 바른 인식수단으로 권위자의 말[聖言量]을 배제하고 직접지각과 추리만을 인정하였고, 기존의 다섯 단계로 구성된 추론식을 세 단계로 구성된 추론식으로 줄였다. 대표작으로《집량론(集量論, Pramāṇa-samuccaya)》과《관소연연론(觀所緣緣論, Ālambana-parīkṣa)》이 있다. 진나의 제자 다르마키르티(Dharmakīrti, 法稱)는 진나의《집량론》을 주석한《양평석(量評釋, Pramāṇa-vārttika)》을 지어 불교논리학을 완성시켰다.

그와 마찬가지로 용수는 본질이라는 개념은 본질이 아닌 것의 부정으로서 있을 뿐이고 동일성이라는 개념도 비동일성, 곧 변화성의 모순개념으로서 있을 뿐이기 때문에, 본질이나 동일성이라는 개념에 적극적인 내용이 있는 것은 아니라고 합니다. 다시 말하면 본질이나 동일성이라는 실재를 상정해서는 안 된다는 것입니다. 개념은 항상 그 모순개념과 상관관계에서 성립하는 것이지 실재와는 관계가 없다고 말합니다.

실체라는 것도 현상의 모순개념으로서 성립할 뿐이지 실체라는 개념에 상응하는 실재가 있을 리 없습니다. 본질을 실재하는 것으로 생각하면 오히려 현실의 사실인 사물의 변화를 설명할 수 없게 된다고 용수는 지적합니다. 게다가 현상이 항상 변화하는 무상한 것이라는 사실은 누구라도 인정하기 때문에 본질이 실재한다고 생각하지 말라고 합니다.

2

사물은 무엇으로부터 발생하는가

인과의 부정은 《중론》에서 가장 중시된 것입니다. 그래서 인과의 부정을 집중적으로 논하고 있는 제1장 〈관인연품觀因緣品〉을 시작으로 여기저기서 단편적으로 다루고 있습니다. 용수는 인과관계가 없다고 말하는 것이 아니라 원인과 결과 각각을 실체로 생각하면 인과관계가 성립하지 않는다는 것, 바꿔 말하면 모든 것이 공일 때야말로 인과관계가 성립한다고 말하고 있습니다.

> 사물은 어떤 것이든 어디서라도 결코 그 자체로부터, 다른 것으로부터, 자타의 둘로부터, 또한 원인 없이 발생하는 것이 아니다.
>
> - 《중론》 제1 〈관인연품〉 1

여기서도 용수는 결과의 측면에서, 원인이란 결과 그 자체, 결과와 다른 것, 자체와 타자 양쪽, 자체도 아니고 타자도 아니라는 4구 분별에 의해 논의를 진행하고 있습니다. 제3구의 자타 양자란 원인이 결과에 대해 자체와 타자의 복합·집합이라는 의미입니다. 제4구의 자체도 아니고 타자도 아니라는 것은 사물이 원인 없이, 곧 완전히 우연적으로 발생한다는 의미입니다.

그 자체로부터 발생하는가

사물이 그 자체로부터 발생한다는 것은 예를 들어 항아리가 항아리 그 자체로부터 발생하는 것, 다시 말하면 원인과 결과가 완전히 동일한 경우를 가리킵니다. 다른 것으로부터 발생한다는 것은 결과가 자신과는 다른 것으로부터 발생하는 것입니다. 예를 들면 항아리는 점토로부터 발생하는데 그 점토는 항아리와는 다른 것이라고 생각하는 경우입니다. 즉 원인과 결과가 서로 다른 경우를 말합니다.

원인이 결과 그 자체이고 결과와 동일하다면 항아리는 항아리 자신으로부터 발생하는 것이 됩니다. 생각해보면 항아리가 항아리 자신으로부터 발생한다는 것은 실은 원인이 없이 발생하는 것과 같은 것입니다. 그것은 불합리합니다. 또 그 동일성이라는 본질이 결과를 발생시키는 기능 그 자체라고 생각한다면, 항아리는 항상 무한히 자기 자신으로부터 계속 발생하게 되어 버리고 말 것입니다.

다른 것으로부터 발생하는가

그렇지만 원인이 결과와 다른 것이라고 한다면, 다르다는 것은 무관계한 것이기 때문에 항아리는 실이나 모피 등으로부터 발생한다는 것이 됩니다. 점토나 실, 모피도 항아리에 대해 다른 점은 차이가 없기 때문입니다. 그러므로 사물이 그것과 별개의 것으로부터 발생한다는 것도 불합리한 것이 됩니다.

《중론》의 주석가들은 자체로부터 발생하지 않는다는 것은 상캬학파(수론파)에 대한 비판이고, 다른 것으로부터 발생한다는 것은 바이쉐쉬카학파(승론파)에 대한 비판이라고 항상 얘기합니다.

확실히 상캬학파는 질료적인 세계원인이라고 해야 할 프라다나(pradhāna, 원질, 근본원인)가 만물로 전변轉變하기 때문에 그것이 모든 것의 본질이라고 주장합니다. 예를 들어 금괴가 왕관이 되고 신상神像이 되며 술잔이 되는 등 전변하지만, 늘 금이라는 본질이 바뀌지 않는 것과 같습니다.

또 바이쉐쉬카학파는 원인·조건이 모였을 때, 본래는 존재하지 않았던 새로운 실체가 생기기 때문에 결과는 원인과는 별개라고 주장합니다. 도공이 점토를 가마에 넣고 불에 구우면 점토와는 다른 항아리가 생깁니다. 직공이 베를 짤 때는 실의 집합과는 별개의 실체인 베가 생깁니다. 그 베는 실과는 별개의 것입니다.

확실히 용수도 그와 같은 다른 학파의 사상을 염두에 두고 있었는지도 모릅니다. 그러나 그는 언제나 개개의 철학을 그 원리적인 사고방식으로 환원해서 일반적으로 논의하기 때문에 다른 학파의 사상을 너무 구체적으로 고려하지 않는 편이 좋다고 생각합니다.

자타의 복합으로부터 발생하는가

제3구에서 자타의 양자, 곧 일부는 자체이고 일부는 다른 것이라고 하는 집합체로부터 결과가 발생한다는 것은 우리로서는 가장 알기 쉬운 사고방식일지도 모릅니다. 그러나 용수는 여기에 대해 다음과 같이 말하고 있습니다.

> 원인과 조건의 일부 또는 전체에도 그 결과는 존재하지 않는다. 원인과 조건에 없었던 것이 어떻게 원인과 조건에서 발생하겠는가?
>
> - 《중론》 제1 〈관인연품〉 11

원인이 결과 그 자체와 다른 사물의 복합체였다고 해도 그 복합체 안에 없었던 결과가 어떻게 그것으로부터 발생하는가 하고 비판하고 있는 것입니다.

주석가들은 자체와 타자의 복합체인 원인이 자체로부터 발생하는 경우와 다른 것으로부터 발생하는 경우 두 가지의 오류가 함께 있기 때문에 그것도 불합리하다고 말하고 있습니다. 그것은 뭔가 속임수처럼 들리기도 하지만 역시 타당한 것입니다. 용수는 여기서 원인의 본질을 논하고 있기 때문입니다.

본질 혹은 실체는 자기동일적인 것, 단일한 것이기 때문에 그것이 자타의 복합체라는 것은 있을 수 없습니다. 그것은 자기동일성에 머무는 단일자라는 실체의 본질에 모순되기 때문입니다.

원인 없이 발생하는가

제4구에서 결과는 원인 없이 발생하지 않는다고 한 것은 결과가 그 자체도 아니고 다른 것도 아닌 원인으로부터 발생하지 않는다는 것과 동일합니다. 그것은 결과가 원인 없이 우연히 발생한다는 것입니다. 그러나 인과관계를 고찰하고 있는 지금, 원인 없이 발생한다는 것은 인과관계를 처음부터 부정하고 있는 것입니다. 이것은 논의의 대상이 되지 않습니다.

다시 한번 반복하지만, 용수가 인과관계 그 자체를 부정하고 있는 것은 아닙니다. 원인이나 결과를 실체로 생각하면 인과관계가 성립하지 않는다고 하는 것입니다.

양도논법

용수는 예로부터의 관습에 따라 '4구 분별tetralemma'을 많이 사용하고 있습니다. 그러나 언제나 그런 것은 아니고, 같은 논의를 '양도논법dilemma'으로 행하는 경우도 많이 있습니다. 인과관계에 대한 딜레마는 예를 들면 다음과 같습니다.

어떤 사물이 다른 것으로부터 발생할 때 전자는 후자와 같지도 않고 다르지도 않다. 그러므로 단절되어 있는 것도 아니고 영원한 것도 아니다.

-《중론》제18 〈관법품〉 10

원인과 결과가 동일한 것은 결코 있을 수 없다. 또 원인과 결과가
다른 것도 결코 있을 수 없다.
원인과 결과가 동일할 때는 발생시키는 것과 발생하는 것이 같
은 것이 될 것이다. 그리고 원인과 결과가 다른 것이라면 원인은
원인이 아닌 것과 같은 것이 될 것이다.

-《중론》제20 〈관인과품〉 19-20

이 논의의 내용은 위에 소개한 것과 동일한 것이지만, 4구 분
별 대신 양도논법을 사용하고 있습니다. 앞에서도 말했지만,
이 논의는 경험적인 입장에서 인과를 생각하고 있는 것이 아니
라 본질적인 입장에서 인과를 음미하고 있는 것이기 때문에 원
인과 결과를 모두 실체로 파악합니다. 실체나 본질은 단일·자
립·불변으로서 영원한 것이기 때문에 선택의 여지는 동일과
별개, 두 가지인 것이 사실입니다. 원인이 자타의 복합체라는
것은 있을 수 없습니다.
　이것은 딜레마 중에서도 이른바 파괴식에 해당합니다. 원인
과 결과가 동일한가, 별개인가 하는 것을 대전제로 하고, 소전
제에서 원인과 결과는 동일하지도 않고 원인과 결과는 별개도

아니라고 하여 후건을 부정합니다. 그리고 결론에서 원인이 결과와 동일하건 별개건 인과관계는 성립하지 않는다고 파괴하고 있기 때문입니다.

이 딜레마를 두 개의 논의로 분해해서 '만약 원인과 결과가 동일하다면 원인은 결과와 같은 것이 될 것이다'와 '만약 원인이 결과와 다른 것이라면 원인은 결과와 무관계한 것이 될 것이다'로 하면, 그 하나하나는 귀류법(prasaṅga, reductio ad absurdum)이라고 불리는 논의가 됩니다. 용수는 이 귀류법도 곳곳에서 사용하고 있습니다.

귀류법

귀류법은 다음과 같은 형태를 취합니다. 예를 들어 어떤 산에 연기가 피어오르고 있는 것을 보고 그 산에 불이 있다는 것을 논증하고 싶은 사람이 있다고 하고, 다른 사람은 이 산에는 불이 없다고 반대한다고 합시다. 이 반대 의견을 파괴하는 것에 의해 그 역명제, 곧 이 산에 불이 있다는 것을 간접적으로 논증하는 것이 가능합니다. 그것을 귀류법이라고 합니다.

이 논증은 다음과 같습니다.

'이 산에 불이 없다'는 상대방의 주장을 가정해서, 만약 이 산에 불이 없다면 '거기에 연기도 없을 것이다'라고 합니다. 그리고 지금 피어오르고 있는 연기를 지적해서 '이 산에 연기가 없다'는 결론이 오류라는 것을 논증합니다. 따라서 가정된 '이 산에 불이 없다'는 것이 오류라는 것, 다시 말해 '이 산에 불이 있다'는 것이 올바르다고 논증하는 것입니다.

이 경우 '이 산에 불이 없다'는 것은 입론자에게는 진실이 아니라 어디까지나 가정일 뿐입니다. 그리고 연역된 '이 산에 연기가 없다'는 결론은 입론자에게도 반론자에게도 거짓이고 불합리한 것이 귀류법의 특징입니다.

이 귀류법은 보통의 정언적인 삼단논법으로 간단히 바꿀 수 있습니다. 위의 논의는 삼단논법으로는 다음과 같이 쓸 수 있습니다.

> 연기가 있는 곳에는 불이 있다.(p)
> 이 산에는 연기가 있다.(q)
> 그러므로 이 산에는 불이 있다.(r)

이 정언논증을 보조하는 반증적인 간접논법으로서 귀류법은 다음과 같습니다.

> 불이 없는 곳에는 연기가 없다(= 연기가 있는 곳에는 불이 있다.)(p)
> 이 산에는 불이 없다(고 한다면.)(가정. -r)
> 이 산에 연기가 없다(는 것이 된다.)(-q)

대전제인 '연기가 있는 곳에는 불이 있다' 혹은 그것의 환질환위로서 동일한 의미인 '불이 없는 곳에는 연기가 없다'는 명백한 것이기 때문에 논의 안에 생략되는 경우가 많습니다.

용수의 딜레마가 두 개의 귀류법으로 나누어 쓸 수 있는 것은 말할 것도 없이 명백합니다. 용수가 말하는 '사물은 다른 것으로부터 발생하지 않는다'는 것을 귀류법으로 써봅시다.

사물은 다른 것(그 자체가 아닌 것)으로부터 발생한다.
항아리는 실 그 자체가 아니다(고 한다면,)
항아리는 실로부터 발생한다(는 불합리한 결과가 된다.)

또 '원인은 실체일 수 없다'는 것을 귀류법으로 써봅시다.

변화하는 원인이 결과를 발생시킨다.
(반론자에 따르면) 실체는 변화하는 원인이 아니(라고 한다면,)
실체는 결과를 발생시키지 않(을 것이다.)

용수는 다양한 논법을 사용하고 있지만, 그중에서도 딜레마와 귀류법이 용수 논리의 본질을 이루고 있다고 할 수 있습니다.

3

'가는 자'는 가지 않는다

제논의 역설

먼저 이미 간 곳은 갈 수 없다. 아직 가지 않은 곳은 결코 갈 수 없다. 이미 간 곳과 아직 가지 않은 곳과는 별개인 지금 가고 있는 곳은 갈 수 없다(혹은 인정되지 않는다).

- 《중론》 제2 〈관거래품〉 1

그리스 철학자 엘레아의 제논은 다음과 같은 운동부정론으로 유명합니다.

만약 거북이가 한발이라도 앞서 걸어가고 있다면 발 빠른 아킬레스조차도 결코 쫓아갈 수 없다. 아킬레스가 현재 거북이가 있는 곳에 도착할 때 거북이는 이미 얼마간 전진해 있을 것이다. 다음으로 다시 아킬레스가 거북이가 있는 곳에 도달할 때 거북이는 또 얼마간 전진해 있을 것이다. 이렇게 무한히 반복되기 때문에 아킬레스는 결코 거북이를 쫓아갈 수 없다.

날아가는 화살은 사실은 정지해 있다. 왜냐하면 날아가는 화살이 각각의 순간에서 보면 각각의 일정한 지점에서 정지하고 있다. 그 때문에 화살은 모든 순간에 정지해 있는 것이고, 따라서 그 날아가는 그 모든 순간에도 정지해 있지 않으면 안 된다.

시간이든 공간이든 지나간 길[已去]과 지금부터 지나갈 길[未去]에는 지나간다고 하는 운동이 있을 수 없습니다. 그러나 지나간 길과 지나갈 길을 제외하고 현재 지나가고 있는 길[現去]은 알 수 없습니다('간다, gamyate'란 말은 '간다'와 '이해한다'라는 두 가지 의미가 있습니다). 현거現去는 이거已去와 미거未去가 서로 접하는 하나의 점이어서 넓이를 갖지 않은 것이기 때문입니다.

찬드라키르티의 운동부정

《중론》의 주석가 찬드라키르티는 간다는 작용이 가는 사람의 다리가 지금 밟고 있는 장소에서 이루어진다고 생각하는 반론자를 예상하고 다음과 같이 말하고 있습니다.

그러한 사태는 엄밀히는 발가락 끝에 있는 원자 하나에 대해 생각하지 않으면 안 된다. 그 원자 뒤에 있는 장소는 이거已去이고 원자 앞에 있는 장소는 미거未去이다. 그러나 원자는 크기를 갖지 않기 때문에 원자가 밟고 있는 현거現去라는 장소는 실은 존재하지 않는다.

- 本多 惠, 《チャンドラキールティ中論註和譯》

크기를 갖지 않는 점 혹은 원자를 도입해서 운동을 부정하고 있는 찬드라키르티의 논의는 제논의 역설과 매우 닮은 것이 확실합니다. 그리스와 인도 사이의 문화적 교류는 일부를 제외하고는 문헌상으로 확인하는 것이 거의 불가능합니다. 하지만 찬드라키르티는 제논의 역설을 들었을지도 모릅니다.

무엇보다 크기를 갖지 않는 원자라는 관념은 인도에서도 꽤 일찍부터 존재했습니다. 불교의 유식학파는 그것을 이용해서 외계 대상의 존재를 부정하는 논의를 이미 5세기에 행하고 있습니다. 7세기의 찬드라키르티는 크기를 갖지 않는 원자를 유식학파로부터 빌려온 것인지도 모릅니다.

걷는 행위와 걷는 장소

그래도 운동에 대한 용수 자신의 분석은 찬드라키르티의 그것과는 다릅니다. 용수에게는 '지금 걷고 있는 장소'라는 말에 포함되어 있는 모순을 폭로하는 쪽이 본질적인 논의였습니다. 용수의 반론자는 제2장 〈관거래품觀去來品〉 제2 게송에서 '가는 것이 지금 가고 있는 장소'에 있다고 합니다. 그러나 용수는 '가고 있는 장소'란 표현이 이상하다고 말하고 있습니다.

행위가 있고서야 '가고 있는 장소'가 있을 수 있는데, 가는 행위와는 별개로 '가고 있는 장소'가 있을 리 없다는 것입니다. '가는 행위는 가고 있는 장소에 있다'는 표현은 가는 행위 없이 가고 있는 장소가 있다는 것을 함의하고 있기 때문입니다(제 3-4 게송). 동일하게 '가는 행위는 가고 있는 장소에 있다'는 것은 거기에 두 가지 가는 운동이 있다는 오류에 빠진다고 따질 수 있습니다. '가는 행위' 안에 있는 '감'과 '가고 있는 장소'에 있는 '감'이라는 두 가지가 인정되기 때문입니다(제5 게송). 제4, 제5 게송은 다음과 같습니다.

> 지금 가고 있는 곳에 간다는 것이 있다고 하는 사람에게는 가는 것과 별개로 지금 가고 있는 장소가 있다는 오류가 있을 것이다. 왜냐하면 지금 가고 있는 장소가 [다시] 가고 있기 때문이다.
> 가고 있는 장소에 '감'이 있다면 두 가지 '감'이 있다는 오류에 빠진다. 가고 있는 장소를 성립시키는 [감]과 거기를 [가고 있는 사람의] 감이다.
>
> - 《중론》제2 〈관거래품〉 4-5

주체와 운동

제6 게송 이하에서는 '가는 장소'와 '감'을 '가는 자'와 '가는 운동'과의 관계로 옮겨서 논하고 있습니다. 우리말로 '가는 자'는 두 단어이지만 산스크리트 'gantṛ'나 영어의 'goer'는 한 단어로 '가는 자'를 나타냅니다.

'가는 자가 간다'고 주장하는 사람에게는 가는 운동 없이 가는 자가 있다는 오류에 빠진다. '가는 자'에 [다시] '가는 운동'이 있다고 주장하는 것이기 때문이다.

- 《중론》 제2 〈관거래품〉 10

만약 '가는 자'가 '간다'고 한다면 두 개의 가는 것이 있다는 오류에 빠진다. 그것에 의해 '가는 자'라고 불리는 [가는 운동]과 '가는 자'이면서 '가는' [운동이다.]

- 《중론》 제2 〈관거래품〉 11

우선, 가는 자는 가지 않는다. 가지 않는 자도 결코 가지 않는다. 가는 자와 가지 않는 자 외에 다른 어떤 제3자가 가겠는가?

- 《중론》 제2 〈관거래품〉 8

'가는 자가 간다'고 할 때는 간다고 하는 운동과 독립해서 '가는 자'가 있다고 생각되고 있습니다. '가는 자'에게도 이미 '가는' 운동이 있기 때문입니다. 따라서 '가는 자가 간다'고 할 때에는 두 개의 '가는' 운동이 있는 것이 됩니다. '가는 자가 간다'고 말할 수 없기 때문에 '가는 자'는 가지 않는 것이 됩니다. 그러나 '가지 않는 자'가 갈 리도 없고, '가는 자'와 '가지 않는 자' 외에 제3의 가는 주체는 없습니다.

공 공부

'간다'라는 운동이 '가는 자'라는 주체와 독립적으로 있을 수는 없습니다. 그러므로 '가는' 운동은 성립하지 않습니다. '가는' 운동이 성립하지 않으면 '가는 자'도 있을 수 없습니다. 그렇다고 해서 '가는 자'와 '가는' 운동이 동일하다고 한다면 운동과 주체가 하나가 되어버리고 맙니다. 그 둘이 별개라면 '가는 자' 없이 '가는' 운동이 있고 '가는' 운동 없이 '가는 자'가 있다는 불합리에 빠지고 맙니다.

이렇게 해서 주체와 운동에 대한 용수의 비판은 무한히 계속됩니다. 요컨대 만약 '가는 자'와 '가는' 운동이라는 말이 가리키는 대상이 실체적으로 존재한다고 집착하면, 가는 주체도 가는 운동도 성립하지 않는다고 말하는 것입니다.

4

눈은 자기 자신을 보지 않는다

앞 절에서 서술한 '가는 자' '가는 운동' '가는 장소'란 일반적으로 말해 주체와 작용과 객체(대상)와의 관계입니다. 용수는 주체와 작용과 객체라는 삼자의 관계 문제를 《중론》에서 자주 논하고 있습니다.

앞 절에서 본 '가는 자' '가는 작용' '가는 장소'도 그렇지만 그 외에 제3 〈관육정품觀六情品〉에서는 '보는 자' '보는 작용' '보이는 것'이, 제6 〈관염염자품觀染染者品〉에서는 '탐내는 자' '탐내는 작용'이, 제8 〈관작작자품觀作作者品〉에서는 '행위자'와 '행위'가, 제10 〈관연가연품觀燃可燃品〉에서는 '태우는 것'(불)과 '태우는 작용' '타는 것(연료)'이 고찰됩니다. 이 이외의 장에서도 단편적으로 또는 간접적으로 같은 문제가 자주 취급되곤 합니다.

불과 연료

제10 〈관연가연품〉의 첫 세 게송은 제2장에서 상가바드라를 인용하면서 말한 설일체유부의 '불의 실체'와 '태우는 작용'의 논의를 예상하고 있는 중요한 비판입니다.

만약 연료가 그대로 불이라면 행위의 주체와 작용이 동일하게 된다. 불이 연료와 별개라면 연료가 없이도 불이 있을 것이다. [그렇다면 불은] 항상 태우고 있을 것이고, 태우는 원인을 필요로 하지 않을 것이며, 새롭게 타기 시작하는 것이 무의미하게 된다. 그렇다면 작용을 갖지 않은 것이 된다.

- 《중론》 제10 〈관연가연품〉 1-2

다른 것에 의존하지 않기 때문에 [불은] 태우는 원인을 갖지 않게 될 것이다.

- 《중론》 제10 〈관연가연품〉 3ab

여기서는 불이 독립된 실체라면 그것은 다른 것에 의존하지 않을 것이기 때문에 태우는 원인도 필요 없고, 새롭게 태우기 시작할 필요도 없고, 연료도 필요 없게 되고 만다고 따지고 있습니다.

그러나 상가바드라가 말하는 것처럼 실체로서의 불이 태우는 작용을 가지지 않는다면, 원래 그것은 불이 아닌 것이 되고 맙니다. 태우고 있지 않아도 생각의 대상인 불이 불의 실체라는 유부의 주장에는 많은 모순이 존재한다고 용수는 지적하고 있습니다.

주체·작용·객체의 부정

다양한 주제에 대해 작용과 주체와 객체의 관계를 부정하는 용수의 논리는 거의가 동일한 취지를 가집니다. 아래에서는 대표적으로 눈과 그 작용에 대한 용수의 논의를 간단히 소개하려 합니다. 제3장 〈관육정품〉에는 안·이·비·설·신·의이라는 여섯 가지 감관에 의한 인식작용과 색깔과 모양·소리·향기·맛·만질 수 있는 것·생각할 수 있는 것이라는 여섯 가지 대상과의 관계가 눈을 대표로 하여 부정됩니다.

> 보는 것(눈)은 그 자체를 보지 않는다. 자체를 보지 않는 것이 어떻게 다른 것을 보겠는가.
>
> -《중론》제3장 〈관육정품〉 2

> 보고 있지 않는 눈 등이 결코 존재하지 않을 때, 눈이 본다는 것이 어떻게 타당하겠는가.
> 보는 것(눈)은 결코 보지 못한다. 보지 못하는 것(눈이 아닌 것)은 결코 보지 못한다. 보는 사람[이 존재하지 않는 것]도 보는 것(눈의 부정)에 의해 설명되고 있다고 인정해야 한다.
>
> -《중론》제3장 〈관육정품〉 4-5

제4, 5 게송의 논의는 '가는 자는 가지 않는다' '가지 않는 자도 가지 않는다'고 하는 표현과 완전히 동일합니다. 눈(보는 것) 대신 '보는 사람'을 대입해도 같은 논의가 성립합니다.

불은 자기 자신을 비추지 않는다.

직전에 든 제3장 제2 게송은 눈이 자기 자신을 보지 않는다고 하는 자기 작용의 부정을 말하고 있습니다. 하지만 제3장에서는 그 자기 작용의 부정이 충분히 전개되지는 않습니다. 용수가 본격적으로 자기 작용을 부정하는 것은 《중론》에서는 제7장 〈관삼상품觀三相品〉 제8부터 제12 게송까지, 《광파론》에서는 제6, 9, 10절, 《회쟁론廻諍論》에서는 제34-39 게송입니다. 아래에서는 《회쟁론》의 논의를 살펴봅시다.

　　불(등불)은 자기 자신과 다른 것을 함께 비추는 것, 곧 자신 및 타자에 대한 작용을 동시에 행하는 것의 비유로 잘 사용되곤 합니다. 용수는 그 등불의 자기 작용을 부정합니다.

> 불의 비유는 [자기 작용에] 적용하기에는 적절하지 않다. 불은 자기를 비추지 않기 때문이다. 어둠 속의 항아리가 보이지 않듯이 불이 보이지 않는 것은 경험되지 않기 때문이다.
>
> 그대가 말하는 것처럼 만약 불이 자신도 비춘다면, 불이 다른 것을 태우는 것처럼 자신도 태우게 될 것이다.
>
> 또 만약 그대가 말하는 것처럼, 불이 자타를 함께 비춘다면 불[

이 자타에 대해 작용하는 것]처럼 어둠도 자타를 동시에 감추는 것이
될 것이다.

어둠은 빛 그 자체 속에 있는 것도 아니고, 빛과 다른 장소에도
없다. 그때 어둠을 제거하는 자인 등불이 어떻게 비추는 작용을
할 것인가.

- 《회쟁론》 제34-37

제34 게송의 의미는 다음과 같습니다. 마치 어둠 속에서 보
이지 않았던 항아리가 나중에 불에 비쳐 보이는 것처럼, 보이
지 않는 불이 먼저 있고 나중에 보인다고 한다면, 불이 불 자신
을 비춘다고 말할 수 있습니다. 하지만, 보이지 않는 불이 인정
되지 않을 때, 어떻게 불이 자기 자신을 비춘다고 할 수 있을까
요? 제36 게송의 의미는 다음과 같습니다. 만약 불이 자타에 대
한 작용을 한다면 어둠도 자타를 동시에 감출 것입니다. 그러
나 그것은 경험할 수 없습니다. 어둠이 자신을 감춘다는 것은
어둠이 아니라고 하는 불합리한 것이 되기 때문입니다.

자기 작용의 부정

자기 작용이란 자신 안에 작용하는 부분과 작용의 대상이 함께
있는 것입니다. 설일체유부처럼 불이나 눈을 실체 혹은 본질
로 생각하는 입장에서는, 불이 자신 안에 비추는 부분과 비치

는 부분을 가지고, 눈이 자신 안에 보는 것과 보이는 것을 가진다고 하는 것은 있을 수 없습니다. 실체나 본질은 단일하고 자기동일적인 것으로서 부분을 가지지 않기 때문에 그 자신이 두 개의 본질이나 두 개의 부분을 가질 리가 없기 때문입니다.

마치 손가락이 자기 손가락 끝을 만질 수 없고, 곡예사가 자신의 어깨에 설 수는 없으며, 씨름 선수가 자기 자신을 메쳐 이길 수 없는 것처럼 실체는 자기 자신에게 작용할 수 없는 것입니다. 여기서도 용수는 불이나 눈을 실체라고 간주하면 자기 작용도 대타 작용도 불가능하게 된다는 역설을 설하고 있습니다.

5

무한소급과 상호의존

실재론자의 반론

모든 것은 실체를 가지지 않고, 그런 의미에서 공이라는 용수의 사상에 대해서 다음과 같은 반론이 제출됩니다.

> 만약 어디에도 어떤 것에도 실체가 없다면 용수의 말도 실체를 갖지 않는다. 그래서는 실체를 부정할 수 없다. 이에 반하여 만약 이 말이 실체를 가진다면 용수의 주장은 무너지고 만다. 모든 것은 공이라는 것과 이 말은 공이 아니라는 것은 불일치하기 때문이다.
>
> - 《회쟁론》 1-2(필자 부연)

'내 말은 전부 거짓말'이라는 표현은 명제 자체도 거짓말이기 때문에 성립하지 않는 것처럼 '모든 것은 공'이라는 용수의 명제 자체도 공이기 때문에 모든 것의 공을 성립시킬 수는 없다는 것입니다.

이 반론은 용수와 동시대에 인도에서 강력한 논리학파였던 니야야학파(정리학파)로부터 제출된 것입니다. 이 학파는 같은 문제를 다시 이론적으로 전개시켰습니다. 이 학파는 인간의 인식을 지각·추리·증언[3]·유비[4]라는 네 종류로 분류하고 그중 지각을 대표로 해서 용수를 공격했습니다.

> 만약 그대가 먼저 지각에 의해서 사물을 인식하고 있기 때문에 [그 실체를] 부정한다고 해도 사물을 인식하는 방법인 그 지각이 [그대에게는] 존재하지 않는다.
>
> ―《회쟁론》 5

어떤 것에 실체가 없다고 부정하려고 해도 그 자체가 없는

---

3 증언(證言, śabda/āpta_āgama)은 인도의 여러 학파에서 타당한 인식 수단으로 분류하는 것 중 하나이다. 성언량聖言量이라고 한역한다. 권위를 획득한 자가 설한 가르침이라는 의미로서 각 학파의 경전 등에 나타난 진술을 가리킨다. 불교에서도 진나(陳那, Dignāga) 이전에는 성언량을 인정하였으나, 진나 이후에는 인정하지 않고 직접지각과 추리만을 타당한 인식 수단으로 인정한다.

4 유비(類比, upamāna)는 인도 여러 학파에서 타당한 인식 수단으로 분류하는 것 중 하나이다. 사물의 유사성 혹은 상이성에 기초한 인식이다. 예를 들어 소는 알지만 들소는 모르는 사람이 들소를 보고, 소와 들소의 유사성에 기반하여 이를 소의 일종인 들소라고 인식하는 것이다. 혹은 소는 알지만 낙타는 모르는 사람이 소와의 상이성에 기반하여 이를 낙타라고 인식하는 것이다.

것은 부정할 방법이 없습니다. 그리고 그 자체를 성립시키는 것은 지각을 시작으로 하는 우리의 인식입니다. 용수에게는 그 인식조차도 존재하지 않는 것이 아닌가 하는 비판입니다.

마치 '집에 항아리가 없다'라는 형태의 부정은 본래 항아리가 있기 때문에 가능한 것인데, 만약 항아리가 원래 없을 때 어떻게 항아리의 부정이 있을 수 있는가 하는 것입니다. 그리고 그 항아리의 존재를 확인하는 것은 사람의 인식인데, 그 인식도 '모든 것은 공'이라고 주장하는 용수에게는 있을 수 없는 것이 아닌가 하는 것입니다.

> 만약 모든 사물에 실체가 없다면 실체를 갖지 않는 것이라는 명칭도 존재하지 않을 것이다. 왜냐하면 [대응하는] 실재물을 갖지 않은 명칭은 있을 수 없기 때문이다.
>
> - 《회쟁론》 9

이 반론은 니야야학파나 설일체유부와 같은 실재론자의 입장을 잘 나타내고 있습니다. 그들은 어떤 이름이나 말이 있으면 반드시 그것에 대응하는 사물이 외계에 실재한다고 생각하기 때문입니다.

내게는 주장이 없다

이러한 비판에 대해 용수는 그의 기본 입장을 다음과 같이 선언합니다.

> 사물이 다른 것에 의해 존재한다는 것이 공성의 의미라고 우리는 말한다. 다른 것에 의존하는 존재에게는 실체가 없다.
>
> - 《회쟁론》 22

> 만약 내가 뭔가 주장하고 있다면 그와 같은 오류가 내게 일어날 것이다. 그러나 내게는 주장이 없기 때문에 오류도 없다.
>
> - 《회쟁론》 29

사물이 공이라는 것은 사물이 자립적이고 영원불변한 실체로서 존재하는 것이 아니라, 원인·조건과 같은 다른 것에 연하여 발생하고 존재하며 소멸하는 무상한 것이라는 의미입니다. 따라서 용수는 다른 학파가 주장하는 실체 대신 뭔가 다른 실체를 근본원리로 주장하고자 하는 것은 아닙니다. 모든 것이 공이라는 것은 어떤 것도 실재라고 주장하지 않는 것이 됩니다. 이것의 의미는 나중에 용수의 연기설을 설명할 때 자세히 언급할 것이기 때문에 여기서는 보류해 두겠습니다.

인식의 확립

그리고 용수는 니야야학파를 향해 인식과 대상에 대한 비판을
시작합니다.

> … 만약 그대(니야야학파)들에게 이런저런 대상이 인식에 기초해
> 서 확립된다면, 그들 인식이 그대에게 어떻게 확립되는가를 말
> 하라.
> 만약 [하나의] 인식이 다른 인식에 의해 성립한다면 그 과정은 무
> 한히 거슬러 올라간다. 그 경우 최초의 인식이 확인되지 않는다.
> 중간의 인식, 최후의 인식도 성립하지 않는다.
>
> - 《회쟁론》 31-32

어떤 대상을 확립하는 것이 지각 및 그 외의 인식이라고 한
다면 그 지각 및 그 외의 인식은 어떻게 확립될까요? A에 대한
인식을 성립시키는 데 B라는 인식이 더 필요하다면 B를 성립
시키는 데는 C가, C를 성립시키는 데는 D가 필요하게 됩니다.
이와 같이 무한히 거슬러 올라가면 끝이 있을 수 없습니다. 최
후의 인식이 획득되지 않는다면 중간의 인식인 B와 C, 그리고
최초의 인식인 A도 성립할 수 없습니다. 따라서 인식 대상도
확립되지 않습니다. 이와 같이 최종적인 근거를 획득할 수 없
고 무한한 과정을 필요로 하는 것은 무한소급이라 불리는 논리

적 오류로 간주됩니다.

인식과 대상

> 만약 인식이 스스로 성립한다면 그대에게는 인식 대상을 필요로 하지 않는 인식이 성립하는 것이 된다. 스스로 성립하는 것은 다른 것을 필요로 하지 않기 때문이다.
>
> 만약 그대에게 인식 대상을 필요로 하지 않는 인식이 성립한다면 그때 그 인식은 어떤 것에 대한 인식일 수 없다.
>
> *- 《회쟁론》 40-41*

대상이 없는 인식은 있을 수 없다는 것이 설일체유부나 니야야학파 등 실재론자의 기본적 주장입니다. 그러므로 대상이 없이 인식 그 자체가 성립할 수 없습니다. 아무것도 인식하지 않는 인식은 없기 때문입니다.

> 그와 반대로 그들 [인식]이 [대상에] 의존해서 성립한다고 생각하면 어떤 오류에 빠지는가. 이미 성립해 있는 것을 다시 성립시키는 것이 된다. 존재하지 않는 것은 다른 것에 의존하지 않기 때문이다.
>
> 만약 모든 경우에 인식이 인식 대상에 의존하여 성립하고 있다면 인식 대상은 인식에 의존하지 않고 성립하는 것이 된다.
>
> *- 《회쟁론》 42-43*

어떤 사물 A가 다른 사물 B에 의존할 때는 A는 이미 성립해 있지 않으면 안 됩니다. 존재하지 않는 A가 다른 사물 B에 의존할 리가 없기 때문에 인식이 인식 대상에 의존한다는 것은 존재하고 있는 인식을 다시 한번 성립시키는, 불필요한 것을 만드는 게 됩니다. 또 인식에 의존하는 쪽인 대상도 인식 대상은 이미 성립해 있지 않으면 안 됩니다. 존재하지 않는 대상에 인식이 의존할 리는 없기 때문입니다.

> … 인식이 반드시 인식 대상에 의존해서 성립한다면 그 경우는 인식과 그 대상의 관계는 반드시 역전한다.
>
> - 《회쟁론》 45

인식pramāṇa이라는 말은 '재는 것'을 의미하고 인식 대상 prameya은 '재는 대상'을 의미합니다. 만약 재는 것이 재는 대상에 의해 성립한다면 재는 것이 재는 대상이고 재는 대상이 재는 것이 됩니다. 결국 인식이 대상이 되고 대상이 인식이 되어버려 관계가 역전되는 것입니다.

자식에 의해 부모가 된다

또 인식의 성립에 의해서 인식 대상이 성립하고 동시에 인식 대상에 의해서 인식이 성립한다면, 그대에게 그 양자는 모두 성립하지 않는 것이 된다.

- 《회쟁론》 46

만약 부모에 의해 자식이 태어나고, 마찬가지로 자식에 의해 부모가 된다면 누가 누구를 낳는가를 말해보라.
그때 누가 부모가 되고 누가 자식인가를 그대는 말하라. 그들 양쪽은 함께 부모와 자식의 특징을 갖게 되기 때문에 거기에 우리의 의문이 생긴다.

- 《회쟁론》 49-50

이와 같이 A가 B에 의존하고 B가 A에 의존하는 관계를 상호의존이라고 하고, 논리적 오류로 간주됩니다. 실체는 다른 것에 의존하지 않기 때문에 두 개의 실체는 상호 간에 의존할 수 없습니다.

용수는 여기서 결론적으로 인식과 대상을 4구 분별로 한꺼번에 부정합니다.

실로 [지각·추리·증언·유비라는 네 가지] 인식은 독립적으로 성립하는 것이 아니고, 한쪽이 다른 쪽에 의존하는 것도 아니며, [그 자신과는] 별개의 인식에 의해서도 아니고, 대상에 의해서도 아니다. 혹은 우연히 [원인 없이] 성립하는 것도 아니다.

제5장 공의 논리159

이 게송은 세어보면 다섯 구가 나옵니다. 그러나 '한쪽이 다른 쪽에 의존한다'와 '[그 자신과는] 별개의 인식에 의존한다'는 것을 합쳐서 '다른 것에 의존한다'는 것에 포함시키면 4구라고 해도 좋을 것입니다.

이상은 용수의 주요한 논의에 나타난 논리를 정리해서 소개한 것일 뿐입니다. 그의 논의와 논리가 이것으로 끝나는 것도 아니고, 지금까지 해설한 용수의 논리도 실제로는 훨씬 상세하게 전개되어 있습니다. 그러나 이 책에서 논리의 문제에 너무 깊이 들어갈 수 없기 때문에 일단 여기서 중단하겠습니다.

제6장

연기설의
발전

1

《숫타니파타》의 연기설

고타마 붓다가 설한 연기

연기설緣起說은 용수의 공사상을 지지하는 원리일 뿐만 아니라, 다양한 형태로 발전한 불교의 모든 것을 포함하는 기본사상입니다. 그럼에도 불구하고 고타마 붓다 자신이 설한 연기가 어떤 형태였던가는 충분히 알려져 있지 않습니다.

또 학자들 사이에서도 의견이 분분합니다. 어떤 학자들은 12연기가 연기의 원초 형태라고 주장하기도 하고, 다른 학자들은 원래의 연기가 12연기와 같은 연쇄식으로 구성되어 있었던 것이 아니라 더 짧고 간단한 형태였다고 주장하기도 합니다. 현대의 학계에서는 연기설 그 자체가 간결한 것에서 점차 발전해서 연쇄적인 12연기설이 되었다고 보는 편이 유력합니다. 하지만 이 점에 대한 정설이 있는 것은 아닙니다.

고타마 붓다의 연기사상을 생각할 때에는 불교 최고의 경전인 《숫타니파타》에 나타난 연기를 연구하여, 그것이 고타마 붓다의 연기사상에 가장 가깝다고 이해하는 것 외에는 방법이 없습니다. 여기서는 먼저 제가 이해하는 한에서 연기사상의 발전을 아주 간결하게 살펴보고, 용수 연기사상의 전제로 삼고자 합니다.

《숫타니파타》로부터 인용할 때는 대부분은 나카무라 하지메 선생의 번역(《붓다의 말씀》 이와나미 문고, 1984년)을 빌리지만, K. R. 노만의 영역 등도 참고하고 원전에 의거해서 제가 직접 해석하는 경우도 있을 것입니다.

2종 연기

《숫타니파타》 제3장 마지막에 '두 가지 관찰'이라는 제목의 절이 있습니다. 여기에는 가장 단순한 형태의 연기가 나타납니다. 두 가지 관찰이라는 표제가 보여주듯이, 여기에 나타난 연기는 어떤 것이 있기 때문에 고통(미혹된 생존)이 있고, 그것이 없다면 고통(미혹된 생존)이 없어진다는 두 가지 사이의 인과를 추구하는 형태로 되어 있습니다.

이 상태로부터 다른 상태로 반복해서 생사윤회하는 사람들에게, 그 이행은 무명無明에 의존할 뿐이다. 무명은 커다란 미혹이고, 그것에 의해 오랫동안 이와 같이 윤회해 왔다. 그러나 명지明知에 도달한 사람들은 다시 미혹된 생존에 돌아오지 않는다.

-《숫타니파타》제729-730송

고통이 발생하는 것은 모두 잠재적 형성력[行]을 연(원인)으로 해서 일어나는 것이다. 모든 잠재적 형성력이 소멸하면, 고통도 발생하지 않는다.

-《숫타니파타》제731송

고통이 발생하는 것은 모든 식별작용[識]에 연하여 일어나는 것이다. 식별작용이 소멸하면 고통이 생기할 수 없다.

-《숫타니파타》제734송

갈애[愛]를 친구로 삼는 사람은 이 상태로부터 저 상태로 오랫동안 유전하고, 윤회를 벗어날 수 없다. 갈애가 고통을 일으키는 원인이라고 하는 이 재난을 알고, 갈애에서 벗어나 집착하는 일 없이, 주의를 기울이면서, 수행승(비구)들은 편력해야 한다.

-《숫타니파타》제740-741송

지금은 비교적 의미가 확실한 시구를 예로 드는 데 그칩니다. 이 절에서는 고통 혹은 미혹된 생존의 원인이 되는 것으로 생존의 소인(素因, upadhi, 획득, 집착 등), 무명無明·잠재적 형성력[行]·식별작용[識]·접촉[觸]·감수[受]·갈애[愛]·집착[取]·기동(노력)·음식·동요·종속(의존) 등이 나타납니다. 이 중에서 무명·잠재적 형성력·식별작용·접촉·감수·갈애·집착은 후대에 12연기의 항목이 됩니다. 무엇보다 단어 각각의 의미가 12연기에서만큼 엄밀하게 교의적으로 고정되어 있었던 것은 아닌 듯합니다.

12연기에서는 첫 번째 지분(부분·항목을 의미)은 두 번째 지분의 원인이고, 두 번째 지분은 세 번째 지분의 원인이라는 식으로 각 지분이 인과의 연쇄를 이루고 있습니다. 그러나 위에서 본 《숫타니파타》의 '두 가지 관찰'에서는 어떤 것이 원인이 되어서 고통이 있다는 두 가지 항목 사이의 인과관계가 설해질 뿐입니다. 그와 같은 인과관계가 무명과 고, 식별작용과 고라는 형태로 개별적이고 연쇄를 이루지 않은 채 서술되고 있습니다. 이것은 2종 연기라고 이름 붙여도 좋습니다.

일곱 항목의 연쇄연기

그러나 《숫타니파타》 안에는 위에서 서술한 2종 연기만 나오는 것이 아니고, 12항목이 다 나오는 것은 아니지만, 연쇄연기의 일종으로 간주할 수 있는 것도 나타납니다. 이 경전은 5개장으로 이루어져 있는데 그중 제4장과 제5장이 최고층에 속한다고 간주됩니다. 그 제4장 11절 제865부터 제874 게송까지 걸쳐 연쇄연기가 나옵니다.

여기서는 다툼·쟁론·슬픔·근심·인색함·만심·거만·험담 등의 번뇌는 애호[되는 것]에 근거해서 일어난다고 하고, 이어서 '애호되는 것'과 탐욕은 욕망에 근거해서, '욕망'은 쾌·불쾌에 근거해서, '쾌·불쾌'는 [감관에 의한] 접촉에 근거해서 일어나고, 감관에 의한 '접촉'은 명칭과 형태에 근거해서 일어난다고 합니다.

그리고 다음과 같이 설합니다.

있는 그대로 생각하는 사람도 아니고 잘못 생각하는 사람도 아니며, 생각이 없는 것도 아니고 생각을 소멸한 사람(혹은 소멸했다는 생각을 가진 사람)도 아닙니다. 이와 같이 이해한 사람의 형태는 소멸합니다. 확장하는 의식(또는 다양함)은 생각에 근거해서 일어나기 때문입니다.

- 《숫타니파타》 제874송

지금은 어느 정도 문맥을 정리해서 소개한 것으로서, 실제로는 쾌·불쾌에 의해서 욕망이 일어난다고 한 곳에는 "모든 물질적 존재에서 생기와 소멸을 보는 사람은 단정을 내린다" 라거나 "분노와 허언과 의혹"이라는 말이 나타납니다. 접촉은 무엇

공 공부

에 근거해서 일어나는가를 묻는 곳에서는 소유욕이나 아집 등도 언급되어 있습니다. 그러나 대강의 줄거리만 훑으면 위와 같이 정리할 수 있다고 생각합니다.

또 예를 들어 "쾌와 불쾌는 감관에 의한 접촉에 근거해서 일어난다. 감관에 의한 접촉이 존재하지 않을 때에는 이것들도 일어나지 않는다"고 하는 것처럼, 어떤 것이 일어나는 원인을 설함과 동시에 그 소멸의 근거도 설하고 있는 문장도 있습니다.

제874 게송의 '생각'은 'saññā(ⓢ samjñā)'로서 표상에 해당하는 말입니다. 접촉이 일어나는 근거로서 나타나는 '명칭과 형태'는 나중에 '명색(名色, nāma-rūpa)'이라는 복합어가 되지만 여기서는 'nāmañ ca rūpañ ca'로서 복합어가 아닙니다. '명칭과 형태'란 이름과 모습으로서 개개의 사물을 의미합니다. 모든 개별적 사물은 이름과 모습에 의해 개체화하기 때문입니다. 제874 시구에서는 '명칭과 형태' 대신에 단지 '형태'만 나타납니다. 그래도 그것은 '명칭과 형태'와 같은 의미로 사용된 것이라고 생각합니다.

그렇다면 대체로 여러 가지 번뇌 - 애호되는 것 - 욕망 - 쾌·불쾌 - 감관에 의한 접촉 - 명칭과 형태 - 표상이라는 순서로 이어진 항목 중 뒤의 항목이 앞 항목의 근원 혹은 원인이 되어서 연쇄를 이루고 있습니다. 번뇌의 원인이 애호이고, 애호의 원

인은 욕망이며, 최종적인 원인은 표상이라는 순관[1] [流轉門][2]과
표상이 소멸하면 명칭과 형태가 소멸하고, 명칭과 형태가 소멸
하면 접촉이 소멸하며 최후로 번뇌가 소멸한다는 역관[3] [還滅門
][4]이라는 두 가지가 설해지고 있습니다. 여기서는 확실히 일곱
개의 항목에 의한 연쇄연기가 나타나 있습니다.

용수와의 관련성
앞서 제4장에서 용수의 근본입장을 다루었을 때《중론》제18
장 〈관법품〉제5 게송을 들었습니다. "행위와 번뇌가 다하는 것

---

1 순관(順觀, anuloma)은 연기의 지분을 앞에서부터 뒤로 차례대로 관찰하
   는 관찰 방식을 말한다. 하지만 이 경전에서는 결과가 앞에 나오고 원인
   이 뒤에 나오므로, 일반적으로 원인이 앞에 나오고 결과가 뒤에 나오는
   연기설과는 인과 관계의 방향이 반대다.

2 유전문流轉門이란 연기의 과정을 'A가 있으면 B가 있고, A가 발생하면 B
   가 발생한다'와 같이 발생의 관점에서 관찰하는 방식을 가리킨다. 곧 '무명
   에 연하여 행이 있고, … 생에 연하여 노사가 있다'와 같은 관찰 방식이다.

3 역관(逆觀, pratiloma)은 연기의 지분을 뒤에서부터 앞으로 차례대로 관찰
   하는 방식을 의미한다. 이 경전의 인과 관계 관찰 방향에 대해서는 앞 각
   주 참조.

4 환멸문還滅門은 연기의 과정을 'A가 없으면 B가 없고, A가 소멸하면 B가
   소멸한다'와 같이 소멸의 관점에서 관찰하는 방식이다. 곧 '무명이 멸하
   면 행이 멸하고, … 생이 멸하면 노사가 멸한다'와 같은 관찰 방식이다.

에서 해탈이 있다. 행위와 번뇌는 판단(분별)으로부터 발생한다. 그들 [판단]은 다양[한 생각]에 의존한다. 그리고 다양[한 생각]은 공성空性에서 소멸한다"는 시구였습니다. 용수가 이 시구에서 말한 '판단'이란 《숫타니파타》 제874 게송에 나오는 '생각' 혹은 표상과 바꾸어 말해도 큰 차이가 없습니다. 그리고 용수가 말하는 '다양한 생각'은 《숫타니파타》 제874 게송의 '확장하는 의식 혹은 다양함'과 동일한 'papañca(Ⓢ prapañca)'입니다.

　번뇌 및 그것과 동반하는 행위의 근거를 분별 나아가 다양한 생각으로 추적하고 그 다양한 생각을 공이라고 이해하는 것에 의해 판단, 그리고 번뇌와 행위가 소멸한다는 것이 용수의 사상이었습니다. 이것은 표상이 다하는 것에 의해 다양함(확장하는 의식)이 소멸하고 그 소멸에 의해 명칭과 형태, 최후로는 여러 가지 번뇌가 소멸한다는 《숫타니파타》와 결코 무관하지 않습니다.

2

5지 연기

연기설의 발전

초기경전에 나타나는 연쇄연기는 3지분으로 이루어진 것, 5지분으로 이루어진 것, 6지분, 9지분, 10지분, 12지분으로 이루어진 것 등 다종다양합니다. 최종적으로는 12지분으로 이루어진 이른바 12연기가 정착하고, 그것이 소승의 아비달마 철학에 받아들여져 12연기를 중생의 윤회 과정으로 보는 해석을 낳게 됩니다.

앞 절에서 본 것처럼 《숫타니파타》의 연기사상은 고통과 미혹된 생존의 근거를 추적한 것으로서 중생의 윤회 과정을 서술한 것은 아닙니다. 윤회는 이 장의 마지막 절에서 다룰 것입니다. 이 절에서는 연기설이 12연기설까지 발전한 과정과 이유를 생각해 보기로 하겠습니다.

최초로 주목하고 싶은 것은 5지 연기설의 한 형태입니다. 5지 연기란 애(갈애) - 취(집착, 자신의 것으로 취하는 것) - 유(미혹된 생존) - 생(탄생) - 노사(고통)라는 다섯 항목으로 이루어진 것이 보통입니다. 애란 감각 대상에 대한 욕망입니다. 고·집(고의 원인)·멸(고의 소멸)·도(고의 소멸에 이르는 길)를 4제라고 합니다. 4

제를 설하는 경전 안에는 고통의 원인으로 무명이 아니라 갈애를 드는 경우도 있습니다. 이는 고통의 제일 원인을 애에서 찾는 사상이, 그것을 무명에서 구하는 사상과 함께 초기경전에 있었다는 것을 보여주고 있습니다. 5지 연기는 이 애로부터 출발하여 노사로 대표되는 고통을 이끌어내고, 역으로 애의 소멸에 의해 그것에 이어지는 취·유·생·노사의 소멸을 말하고자 한 것입니다.

《잡아함경》의 5지 연기

그 5지 연기의 하나가 한역 《잡아함경》 제285경(TD2, 권2, 79c 이하)에 나옵니다. 이 경전에 해당하는 것은 투르판에서 출토된 산스크리트 사본 단편에도 있고, 트리파티의 교정본Dīpa도 있습니다. 그러나 모두 결락 부분이 많아 그다지 사용할 수 없습니다. 팔리 경전에서는 《상윳타 니카야》 XII, 53, 54(Sañño-janaṃ)가 이것에 해당하지만, 한역과 충분히 일치하지 않습니다.

따라서 《잡아함경》 제285경은 단독전승이고 자료로서의 가치는 약간 낮지만, 내용은 매우 중요한 것이라고 생각하기에 여기서 소개하는 것입니다.

이 경전도 다른 5지 연기설을 설하는 경전과 마찬가지로 애-취-유-생-노·병·사·우·비·뇌·고라는 다섯 항목을 유전문과 환멸문이라는 두 측면에서 고찰합니다. 그러나 첫 부분에 나오는 붓다의 회고 부분이 다른 경과 다릅니다. 붓다는 명상하면서 이렇게 생각합니다.

> 세간은 재난에 들어간다. 이른바 혹은 생, 혹은 노, 혹은 병, 혹은 사, 혹은 변천하여 (죽고) 혹은 생을 받는다. 그러나 모든 중생은 생로(여기에 '병'을 추가하는 판본도 있습니다)사와 그 소의(근거)를 여실히 알지 못한다. 나는 다음과 같이 생각한다. 어떤 법이 있기 때문에 생이 있는가? 어떤 법에 연하기 때문에 생이 있는가? 바르게 사유하여 즉시 안다. 유가 있기 때문에 생이 있고 유에 연하여 생이 있다. 또 사유한다. 어떤 법이 있기 때문에 유가 있는가? 어떤 법에 연하여 유가 있는가? 바르게 사유하여 즉시 안다. 취가 있기 때문에 유가 있다. 취에 연하여 유가 있다…
>
> ― 《잡아함경》 제285경

이하는 애에 의해 취가 있다고 하여, 통상의 5지 연기와 같이 애-취-유-생-노·병·사·우·비·뇌·고라는 유전문을 설합니다. 또 애의 멸-유의 멸-생의 멸-노·병·사·우·비·뇌·고의 멸이라는 환멸문을 설하고 있습니다.

이 경의 후반은 보통의 5지 연기와 다르지 않습니다. 다만 위에 인용한 부분에서는 생(탄생)이 노·병·사 등과 함께 고통의 일부로 들어가 있고 고통과 별개의 지분이 되어 있지 않습니다. 따라서 그 아래 '어떤 법이 있기 때문에 생이 있는가' 하는 밑줄 친 부분의 생은, 생·노·병·사라는 고통의 대표가 되어 있습니다. 곧 이 부분에서는 생·노·병·사의 고 - 유 - 취 - 애라는 4지만이 나타나고 5지는 아닌 것입니다.

통상의 5지 연기 또는 그것을 후반에 포함하고 있는 12연기에서는 유와 생은 별개의 지분이 되어 있습니다. 또 12연기가 윤회의 과정으로 해석되면 유는 이 세상에서의 미혹된 생존, 나아가 이 세상에서 미혹된 행위[業有]로 간주되고, 생은 다음 세상에서의 탄생으로 해석됩니다. 유와 생 사이에 이 세상에서 저 세상으로의 이행이 있는 것입니다.

윤회와 관계없는 연기

그러나 위에서 든 《잡아함경》 제285경에서는 그와 같은 현세와 내세의 변천은 없습니다. 생은 노·병·사 등과 같은 고통일 뿐이고, 그 고통은 유, 곧 미혹된 생존에 근거하고 있다고 말할 뿐입니다. 이 해석에서 유는 단지 '미혹된 생존'이고, 후대와 같이 이생에서의 잘못된 행위[業有]로 간주되고 있지는 않습니다.

생로병사를 일괄해서 고라고 간주하는 경우는 사실 초기경전에 많이 나옵니다. 빠르게는 4제설에서 고통이란 생·노·병·사의 4고이고, 그것은 애별리고(愛別離苦, 사랑하는 사람과 헤

어지는 고통)·원증회고(怨憎會苦, 싫어하는 사람과 만나는 고통)·구
부득고(求不得苦, 구하고자 해도 구할 수 없는 고통)·오온성고(五蘊盛
苦, 요컨대 심신은 고통이다)와 합해서 8고로 얘기되고 있습니다.
여기서도 생은 노·병·사 및 그 외의 것과 함께 이 세상에서의
고통이지 결코 내세에 다시 태어나는 것이 아닙니다.

또 예를 들어《상윳타 니카야》XII, 66. 18(20도 거의 같은 문장)
에는 "애를 증장시킨 자는 생존의 소인(素因, upadhi)을 증장시킨
다. 생존의 소인을 증장시킨 자는 고를 증장시킨다. 고를 증장
시킨 자는 생·노·사·수·비·고·우·뇌으로부터 해탈하지 못
하고 고통으로부터 해탈하지 못한다"고 하고 있습니다. 여기서
도 생은 노·사 및 그 외의 고통의 한 가지로 꼽히고 있습니다.

그렇다면 5지 연기에서 생을 노·병·사와 별개의 항목으로
하는 것과 유와 생을 이생의 생애와 내생의 생애로 나누는 것
도 후대의 해석이지, 최초기 연기설에는 없었던 것이라고 생각
할 수 있습니다.

3

10지 연기

인식론으로서 5지

연쇄연기설이 최초기부터 윤회, 곧 인간의 과거세부터 현세에, 현세부터 미래세에 전생과 이행을 포함한 것은 아니었다는 것을 이번에는 10지 연기설을 실마리로 생각해 봅시다. 10지 연기설은 식-명색-6처-촉-수-애-취-유-생-노사라는 열 항목으로 이루어진 연쇄연기입니다. 이 중에서 후반의 5지는 직전에 본 5지 연기설과 같은 것입니다. 《숫타니파타》에 고통과 미혹된 생존의 원인을 식識에서 구하고, 식의 소멸에 의해 고통의 소멸이 있다는 2종 연기가 있었다는 것은 앞서 말한 바 있습니다. 마찬가지로 식에서 시작하는 10지 연기설도 경전에 몇 번 나타납니다.

전반의 5지는 일종의 인식론이라고 이해할 수 있습니다. 식별작용 혹은 의식[識]과 외계의 사물[名色]과 안·이·비·설·신·의라는 여섯 가지 감각기관[六處] 중 어느 것이 접촉해서 감각[受]이 발생한다는 것입니다.

12연기가 되면 식 앞에 무명과 행이 부가됩니다. 무명이란 중생이 가진 근본적인 무지(無知, 5온의 진리를 모르는 것)입니다.

이 무지에 근거해서 우리는 잘못된 인식·행위를 행합니다. 그 과거의 인식·행위가 남긴 인상, 곧 잠재적인 습관성을 행(行, ⓟ saṃkhāra, ⓢ saṃskāra)이라고 합니다. 그와 같은 과거(이것은 전생의 의미가 아니라 이생에서의 과거 경험입니다)의 인상 없이는 현재의 인식이 성립하지 않는다는 것은 앞서 설일체유부에 대한 설명 중에 말한 바 있습니다.

그러므로 12연기의 전반, 무명부터 수까지, 또 10지 연기의 전반은 원래 인식론적인 고찰이었다고 생각할 수 있습니다. 그리고 인식론적으로 감각, 곧 수가 나타난 후 그 감각의 대상에 대한 욕망, 곧 애가 발생하기 때문에 애부터 노사에 이르는 5지 연기가 더해집니다. 이렇게 보면 10지 연기는 본래 따로 성립한 인식론적인 연기에 5지 연기가 결합해서 만들어졌다고 생각할 수 있습니다.

《성유경》의 연기설

지금 여기서 주의할 것은 《성유경城喩經》이라고 불리는 일군의 경전입니다. 이것은 《잡아함경》 제287경, 트리파티C. Tripāṭhī 및 무라카미 신칸村上 眞完이 교정한 산스크리트본 《성유경》, 산스크리트본 《대본경大本經》의 산문 부분(발트슈미트E. Waldshcmidt가 교정한 산스크리트본을 후키타 다카미치吹田 隆道가 재교정한 후 《성유경》이라고 확정한 것), 그 외의 경전 및 논서에 포함되어 있는 연기설로서 유전문이 10지, 환멸문이 12지로 이루어진 것을 말합니다.

유전문의 10지는 노사부터 거슬러 올라가 식에 이르는 열 항목으로서 식에서 끝납니다. 그 경우 명색은 식에 의해 일어나고 식은 명색에 의해 있다고 하는 식과 명색의 상호의존을 설하는 것이 있고, 단지 명색은 식에 의해 일어난다고 하여 의존성을 설하지 않은 채 단순히 되돌아가는 것 등 두 가지가 있습니다.

유전문 10지, 환멸문 12지로 이루어진 이 경전을 《성유경》 이라고 부르는 것은 이 연기를 설한 후, 붓다가 자신은 옛 선인·붓다가 간 길을 발견하고 그 길을 걸어가서 열반이라는 성에 도달했다고 하는 취지를 회고하고 있기 때문입니다.

《성유경》의 유전문이 10지인 것은 중생의 미혹된 생존과 고통을 설명하기에는 식부터 노사까지의 열 항목으로 충분하기 때문입니다. 노사, 곧 고의 근거를 찾아서 식에 이르고, 다시 거기서 되돌아와 의식이 일어나는 것에 의해 명색 이하 노사, 곧 고가 일어나는 것을 관찰하면 충분합니다.

그러나 환멸문, 곧 미혹과 고통으로부터 해탈하기 위해서는 그 근거인 식을 소멸시키지 않으면 안 됩니다. 그 식의 소멸은 명색에 의해 식이 있고 식에 의해 명색이 있다는 상호의존성을 설하는 것만으로는, 또 의식에서 단순히 명색 이하의 항목에 되돌아가는 것만으로도 있을 수 없습니다.

그래서 식은 무엇의 소멸에 의해 소멸하는가를 묻지 않으면 안 되고, 그 질문에 대해서는 행이라고 하는 이전 행위와 인식의 잠재인상을 끌어내지 않으면 안 됩니다. 그리고 그 잠재인상을 소멸시키기 위해서는 근본적인 무지인 무명이 소멸하지 않으면 안 됩니다. 그래서 《성유경》에서는 환멸문이 12지가 되어 있는 것입니다.

10지에서 12지로

이 경전이 중요시된 이유의 하나는 유전문 10지, 환멸문 12지 연기가 10지 연기에서 12지 연기로 발전하는 과정을 나타내고 있기 때문입니다. 사실 산스크리트본 《대본경》(후키타 타카미치에 의한 재교정)에는 산문에서 유전문 10지, 환멸문 12지 연기를 설한 후에 운문에 의한 요약문이 있습니다. 그런데 운문에서는 유전문과 환멸문 모두 무명과 행을 더한 12지가 되어 있습니다.

결국 위에서 본 5지 연기, 10지 연기, 그리고 12지 연기로의 발전과정을 음미하면, 이들 연쇄연기를 항상 윤회설과 결합시킬 필요는 없다는 것을 알 수 있습니다.

연기와 윤회

윤회의 과정으로서 연기

초기경전의 약간 후기에 12연기설이 윤회설과 결합하는 경향
이 나오는 것은 부정할 수 없습니다. 경전 안에서 제11지의 생
을 제12지의 노사와 구별하고 있는 경우도 많습니다. 그것은
생을 내세에서 중생의 재생이라고 이해한 것을 보여주고 있습
니다. 그러나 12연기를 중생의 윤회전생 과정으로 보는 해석을
불교 안에 정착시킨 것은 뭐니 뭐니 해도 소승의 아비달마 철
학입니다.

　여기서는 설일체유부의 이른바 3세인과를 간단히 서술해 보
겠습니다. 이 3세인과는 기원전 1세기에는 성립해 있었던《발
지론》[5]에서 이미 완성되어 있었습니다. 또 용수와 같은 시기인

---

5 《아비달마발지론阿毘達磨發智論》(TD26, No.1544)은 기원전 1세기경 가
　다연니자(迦多衍尼子, Kātyāyanīputra)가 지었다고 하는 설일체유부의 근
　본 논서이다. 현장의 한역(657-660년 역)으로만 남아 있다. 구역은 도안
　이《아비담팔건도론》(TD26, No.1543)이라는 명칭으로 번역하였다. 모두
　8장 44절로 구성되어 있다. 설일체유부 초기 논서가 부분적 주제를 다루
　어 6족론足論이라 불리는 데 반해,《발지론》은 이 주제를 모두 통합하여

기원후 2세기에 만들어진, 《발지론》에 대한 방대한 주석서인 《대비바사론》[6]에도 자세히 논의되고 있습니다.

처음에는 고통의 일부였던 생이 노[병]사 등으로부터 분리되어 고의 근거로서 탄생으로 이해되고, 따라서 미혹된 중생이 내세에 재생하는 것으로 간주된 것은, 앞서 5지 연기를 설명할 때 이미 언급했습니다. 이렇게 해서 12연기 중 먼저 최후의 2지, 곧 생과 노사는 미래가 되어 그 앞의 유를 마지막으로 하는 현세와 분리되었습니다.

그때 유는 '미혹된 생존'이란 의미에서 발전하여, 현세에서 중생의 행위, 업의 의미가 되었습니다. 이것을 업유라고 합니

방대한 체계를 이루고 있으므로 《발지신론發智身論》이라고도 불린다. 이 논서는 6인설, 삼세실유설, 심소론, 유위 4상설 등 설일체유부의 독자설을 체계적으로 제시하는 등 후대에 지대한 영향을 끼쳤다.

6 《아비달마대비바사론阿毘達磨大毘婆沙論》(TD27, No.1545)은 기원후 2세기경 오백 나한이 지었다고 하는 《발지론》의 주석서이다. 현장이 번역한 한역(656~659년 역)으로만 남아 있으며 200권에 달하는 방대한 백과사전적 작품이다. 설일체유부를 가리키는 이명인 비바사사毘婆娑師는 이 《대비바사론》을 따르는 혹은 연구하는 사람들이라는 의미다. 기본적으로 《발지론》에 대한 주석서지만, 《발지론》에서 다루지 않는 주제도 다루고, 설일체유부 내의 이견이나 다른 부파의 학설도 풍부하게 인용하고 있어 부파불교 연구의 보고로 불린다. 《대비바사론》이 워낙 방대학 논서인 탓에, 이후의 논서는 《대비바사론》을 요약하는 방식으로 저술된다.

다. 그것은 내세에 재생을 이끄는 것으로서 단지 미혹된 생존으로는 부족하기 때문에, 미혹된 생존의 실체인 미혹된 행위라고 이해한 것입니다. 물론 유라는 말에는 원래 행위라는 의미는 없었습니다.

무명·행·식

10지 연기의 환멸문이 식 앞에 행과 무명을 부가하여 12지가 성립하고 이어서 그와 나란히 유전문도 12지가 되고, 여기서 12연기가 만들어진 것은 앞서 말했습니다. 12지 중 나중에 부가된 무명과 행, 2지가 식에서 유까지의 현세와 구별되어 과거세로 간주된 것은 매우 자연스런 일이었습니다.

행은 이미 말한 것처럼, 현재 의식의 인식 활동에 영향을 주는 과거의 인식·행위의 인상·잠재적 습관성이라는 의미에서 일보 성장하여, 과거세의 행위라고 간주되었습니다. 마치 유가 내세에 탄생을 이끄는 현세의 행위로 간주된 것처럼, 행은 현세의 식을 이끄는 과거세의 행위라고 생각된 것입니다.

불교에서는 중생의 탄생이란 의식이 모태에 들어간 순간, 곧 어머니가 임신한 첫 순간을 말하지 출산한 것을 가리키지는 않습니다. 죽는 것도 태어나는 것도 의식을 중심으로 생각하기 때문에 입태 순간의 의식을 결생식結生識이라 합니다. 이 결생식을 끌어 일으키는 것이 과거세의 행위인 행인 것입니다. 행은 당연히 잘못된 행위이기 때문에, 그 원인으로서 무명이 앞서게 됩니다.

3세양중인과

이렇게 해서 12연기에서는 무명과 행 2지는 과거세에, 식·명색·6처·촉·수·애·취·유라는 중간의 8지는 현세에, 그리고 최후의 2지인 생과 노사는 미래세에 배분되었습니다. 다시 현세의 8지 중 식·명색·6처·촉·수의 5지는 과거세의 무명과 행이라는 원인의 직접적인 결과로 간주되고, 애·취·유의 3지는 미래세의 생과 노사라고 하는 결과를 불러일으키는 직접적인 원인으로 간주되었습니다.

　12지 전체는 과거세의 원인(무명·행)과 현재세의 결과(식·명색·육처·촉·수), 현재세의 원인(애·취·유)과 미래세의 결과(생·노사)라는 이중의 인과관계를 형성합니다. 이것이 이 연기관을 3세양중인과라고 부르는 이유입니다. 현재세의 8지는 과거세

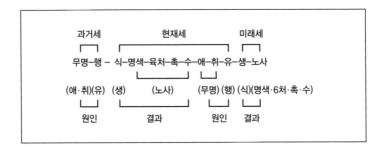

　공 공부

의 미혹과 행위의 결과인 5지와 미래의 재생을 이끄는 3지로 나누어졌습니다. 과거세와 미래세는 내용적으로는 현재세와 같습니다. 곧 과거세의 무명과 행은 현재세의 원인인 3지(애·취·유)와 일치하게 되고, 미래세의 생과 노사는 현재세의 결과인 5지(식·명색·6처·촉·수)와 일치하게 되었습니다.

노사가 명색·6처·촉·수의 4지에 해당되는 것은 조금 이상하지만, 이것은 명색, 곧 사람의 심신 요소의 생기가 노사의 시작이고, 노사의 생기에 다름 아니라는 의미입니다. 이상의 관계는 앞에서 도표로 정리하였습니다.

지분의 중복

지금까지 봐온 것처럼 연기는 그 지분의 수가 원래 일정한 것이 아니었습니다. 2지·3지·5지 및 그 외에 다양한 수의 지분으로 이루어져 있습니다. 초기경전의 체계화가 이루어지면서, 또 아비달마가 융성하면서, 12지라는 수가 정해진 것에 지나지 않습니다. 그 때문에 12연기로 고정된 교의에는 몇 가지 무리가 있습니다.

그와 같은 불합리 중에서도 가장 현저한 것은 12지분 중에 같은 것이 몇 번이나 나오는 지분의 중복 문제입니다. 과거세의 2지 및 미래세의 2지가 현세의 8지와 내용적으로 중복되는 것은 어쩔 수 없습니다. 과거세와 미래세는 현세의 반복이기 때문에 중복되는 것이 당연한 것입니다. 그러나 현세의 8지 중에도 같은 지분이 중복되는 것에는 문제가 있습니다.

《법온족론法蘊足論》(TD26, 507c) 이래 유부 아비달마에서는 명색이란 색·수·상·행·식의 5온이라는 해석이 정착하게 되었습니다. 명색名色, 곧 '명칭과 형태'는 다양한 현상의 일반적인 호칭이자, 사물의 개별화 원리였습니다. 그러나 아비달마에서는 이것을 5온과 일치시켰습니다. 그러면 5온 중의 식은 제3지의 식과 중복되며, 5온 중의 수도 제7지의 수와 중복됩니다. 또 5온과는 별도로 6처(안·이·비·설·신·의) 중의 의意는 유부의 사상에서는 직전으로 사라진 의식이고, 현재의 의식인 제3지의 식과는 구별되지만, 유부 이외의 학파에서는 일반적으로 의意와 식識을 동의어로 하기 때문에 역시 문제가 남습니다. 실제로 여러 학파 사이에서 지분의 중복 문제는 논란의 씨앗이 되었습니다.

그러나 유부는 이윽고 시분연기(時分緣起 = 分位緣起)라는 뛰어난 이론을 개발하여, 이 지분의 중복 문제를 일거에 해결했습니다. 그것은 12연기의 각 지분이 실제로는 모두 동일한 5온, 곧 중생의 개체 존재 그 자체라는 것입니다. 그러므로 원래 12지분은 모두 동일합니다. 다만 각각의 시점에서 5온 중 가장 강력한 것을 취해서 그 지분의 이름으로 한 것입니다.

그러므로 제3지의 식도 5온이지만 그중에서 가장 강력한 것인 식(결생식)을 취해서 제3지의 이름으로 삼은 것입니다. 5온은 개체 존재의 구성요소 전부를 포함하기 때문에 촉이나 애나 취 및 그 외의 것도 5온 안에 있습니다. 따라서 그것도 각각의 시점에서 가장 강력한 요소의 이름으로 불리고 있는 것입니다.

죽음과 재생

연기라고 할 때는 사람, 엄밀하게는 중생의 생사유전이 아니라, 일반적인 사물의 인과관계도 포함하는 것입니다. 하지만 유부는 12지 연기가 중생에게만 한정된다고 하고, 그것을 지옥·아귀·축생·아수라·인간·천신이라고 하는 중생에게만 설한 것으로 한정시켰습니다. 그리고 중생의 윤회 과정을 12연기의 각지에 연결시켜 자세히 설명했기 때문에 그것은 의학과 임사체험을 합쳐놓은 것 같은 이론이 되었습니다.

무명과 행으로 대표되는 과거세의 생애 끝에서 인간은 죽습니다. 그 죽는 순간의 존재를 사유死有라고 합니다. 다음 세상, 곧 현세에 태어나는 순간을 생유(生有, 결생식)라고 부릅니다. 유부는 사유와 생유의 중간, 곧 사람이 죽은 후 다음에 다시 태어나기 전까지 중유中有라는 존재가 있다고 주장합니다. 중유는 유부 계통의 두세 학파에서 주장한 것으로서 모든 불교학파가 인정하는 것은 아닙니다.

중유는 7일 혹은 칠칠일, 곧 49일 사이에 다음에 태어날 장소인 모태에 들어가야 합니다. 중유도 5온으로 이루어져 있고 5, 6세의 아이 모습을 하고 있습니다. 그것은 향기를 먹고 살기 때문에 간다르바(gandharva, 乾闥婆)라고도 합니다('간다gandha' 가 향기라는 의미). 중유는 투명하고 미세한 신체를 갖고 있기 때문에 보통 사람의 눈에는 보이지 않습니다. 중유는 자신에게 적합한 남녀가 성교하고 있을 때 모태에 들어갑니다. 이때가 생유, 곧 탄생의 순간에 해당합니다.

그 후는 태아로서 266일간 계속 성장하게 됩니다. 그 성장의 과정을 다섯 단계로 나누어서 태내 5위라고 합니다. 수태 직후의 7일간은 칼랄라(Ⓢ kalala, 凝滑), 두 번째 7일간은 알부다(Ⓢ arbuda, 皰), 세 번째 7일간은 페쉬(Ⓢ peśī, 肉段), 네 번째 7일간은 가나(Ⓢ ghana, 硬肉), 그 후 출산까지의 238일간 수족 등이 생겨 있는 단계는 프라샤카(Ⓢ praśākhā, 枝節)라고 부릅니다. 프라샤카의 최후에 모태로부터 나옵니다.

12지와 윤회

12연기와 맞추어 보면, 중유가 모태에 들어간 순간이 제3지의 식에 해당하고, 태내 5위는 명색·6처에 해당하며, 출산 후 의 식과 감관과 대상의 접촉이 일어나는 기간이 제6지의 촉에 해당합니다. 그 후 감수는 있지만, 아직 성욕을 일으키지 않는 유소년기가 제7지의 수, 성욕을 일으킨 후부터가 제8, 9지의 애와

취에 해당합니다. 제10지의 유는 이미 서술했듯이 미래세의 재생을 이끄는 원인이 되는 여러 가지 행위를 하는 기간입니다. 이것이 곧 업유業有입니다. 그와 같은 미혹된 행위에 의해, 이세상에서 죽은 후(사유)에 다시 중유를 거쳐서 재생할 때(생유)가 제11지의 생인 셈입니다. 그 후의 생애, 엄밀하게는 앞서 말한 것처럼 수受에 이르기까지가 제12지의 노사老死가 됩니다.

생유와 사유 사이의 생애를 본유本有라고 합니다. 사람은 이렇게 해서, 해탈하지 않는 한 생유·본유·사유·중유를 계속 반복하게 됩니다. 그때 인간은 생전에 한 행위의 선악에 따라 지옥·아귀[7]·축생·아수라[8]·인간·천상을 돌아다닙니다.

---

7 아귀餓鬼는 글자 그대로 배고픈 귀신이라는 뜻으로서, 몸은 태산만 하나 목이 바늘구멍만 해 음식을 섭취하지 못하는 귀신이다. 혹은 아귀 앞에 나타나는 음식은 모두 불로 변해 먹지 못한다고도 한다. 고대 인도에서는 모든 인간이 죽으면 거치는 과정 중 하나였으나, 후대에 특정한 악업, 곧 식탐 등을 지은 자가 가는 곳으로 변하였다.

8 아수라(阿修羅, Asura)는 인도 신화에서 신들의 왕이자 선신을 대표하는 인드라와 싸워 패한 악신의 명칭이다. 조로아스터교의 아후라 마즈다와 동일한 신격이다. 불교에서 이 아수라는 호전적인 신격으로서 싸움을 좋아하는 사람이 죽어 가는 곳으로 묘사된다. 부파나 학파에 따라 윤회 과정에 아수라를 넣은 경우와 넣지 않는 경우가 있다. 아수라를 제외한 윤회를 5도 윤회, 아수라를 포함한 윤회를 6도 윤회라 한다.

スタディーズ空

제7장

윤
회
와
공

1

모든 것을 성립시키는 공

공에 대한 비난

《중론》제24장 〈관사제품觀四諦品〉에서 용수는, 앞서 여러 장에서 행했던 부정의 논리와는 취지를 바꾸어 이른바 세간적인 언어습관을 인정하는 논리를 전개합니다.

이 장 앞부분에서 반론자는 만약 모든 것이 공이라면 사물의 생기도 소멸도 없게 되기 때문에 붓다가 가르쳤던 네 가지 성스러운 진리인 고·고의 원인·고의 소멸·고의 소멸에 이르는 길이라는 4제諦가 성립하지 않는다고 비난합니다.

4제가 없으면 지혜의 획득도, 번뇌의 소멸도, 도의 수습도, 깨달음을 증득하는 것도 없게 됩니다. 따라서 예류預流·일래一來·불환不還·아라한阿羅漢이라고 하는 성자도 없어지고, 성자가 없으면 불교 교단(승가·승)도 정법도 없게 됩니다. 법과 승이 없다면 불도 없기 때문에 3보寶도 없게 되는 것입니다.

모든 것이 공이라면 도덕도 비도덕도 없고, 인과·업보도 없는 것이 되기 때문에 공을 말하는 자는 모든 세간의 언어습관을 파괴하는 것이 된다는 취지입니다.

용수의 반론

이런 비난에 대해 용수는 반론자가 공 그 자체[空性], 공의 효용[空用], 공의 의미[空義]를 모르기 때문에 이렇게 비난한다고 말합니다. 그리고 반론자와 같이 모든 것에 실체나 본질이 있다는 입장에서는 4제·성자·3보·도덕·비도덕, 요컨대 모든 세간의 관행이 성립하지 않습니다. 공이기 때문에 그들 모두가 성립하는 것이라고 설하기 시작합니다.

> 공성이 타당한 사람에게는 모든 것이 타당하다. 공성이 타당하지 않은 사람에게는 어떤 것도 타당하지 않다.
>
> -《중론》제24〈관사제품〉14;《회쟁론》70

연기인 것, 그것을 공성이라고 설한다. 그 [공성]은 [다른 것에] 의존한 가설이고, 바로 그것이 중도다.

연기하지 않고 발생한 것은 아무것도 없기 때문에, 공이 아닌 사물은 아무것도 없다.

- 《중론》 제24 〈관사제품〉 18-19

제5장 '공의 논리'에서 서술한 것처럼, 만약 모든 것에 실체나 본질이 있다면 인과관계·사물의 운동·주체·객체·작용의 관계·인식과 그 대상의 존재방식도 설명할 수 없다고 용수는 말합니다. 그러므로 그와 같은 모든 관계는 사물에 실체나 본질이 없을 때, 다시 말하면 모든 것이 공이기 때문에 성립하는 것입니다. 세간의 모든 언어나 관행은 바로 공에서만 있을 수 있습니다.

이 경우 모든 것에 실체나 본질이 없다고 하는 것이 공성입니다. 사물은 실체를 갖지 않고, 원인·조건에 의존하여 생한 것, 곧 연기한 것이라는 사실이 공의空義입니다. 그리고 사물의 공성이 모든 세간의 언어나 관행을, 실체로서가 아니라, 임시적 현상으로 성립시킨다는 것이 공의 효용[空用]·공의 작용입니다.

거기서는 세간의 언어·관행을 실체로서 긍정하는 것도 아니고, 임시적 존재 방식, 곧 현상으로서는 부정하는 것도 아닙니다. 그러므로 공의 입장은 중도라고 할 수 있습니다.

공은 연기

공성이 연기라고 한 것은 대단히 중요한 선언입니다. 앞서 제5장 '공의 논리'에서 《회쟁론》 제22 게송의 '사물이 다른 것에 의해 존재한다는 것이 공성의 의미라고 우리는 말한다. 다른 것에 의존하는 존재에게는 실체가 없다'는 문장을 인용했지만 설명은 유보했습니다. 이 게송도 위의 《중론》 제24 〈관사제품〉 제18 게송과 같은 것을 말하고 있습니다.

공이라고 말하면 부정적·소극적으로 들립니다. 용수는 공이 연기라고 말합니다. 연기란 사물이 생기하고 존재하는 것을 나타내는 긍정적·적극적인 표현입니다. 모든 것이 실체를 갖지 않고 다른 것에 의존해서 발생하고 존재한다는 것이 바로 공입니다.

두 개의 진리

용수는 두 개의 진리[二諦]의 구별을 말합니다.

모든 붓다의 설법은 두 가지 진리에 의해 이루어진다. 세간 사람 일반의 이해로서 진리[世俗諦]와 최고의 진실로서 진리[勝義諦]이다. 이들 두 가지 진리의 구별을 모르는 사람들은 붓다의 가르침에 있는 심원한 진실을 알지 못한다.
언어습관에 의지하지 않고서는 최고의 진실을 설할 수 없다. 최고의 진실을 따르지 않고서는 열반을 깨달을 수 없다.

용수는 두 가지 진리가 따로따로 있다고 말하고 있는 것은 아닙니다. 최고의 진실의 입장에서는 모든 것에 실체가 없다는 것이 승의제입니다. 그러한 공에 의해서만 모든 세간의 언어·관행이 임시적인 것으로서 있을 수 있다는 것이 세속제입니다. 그러므로 이 두 개의 진리는 동전의 양면과 같다고 해야 할 것입니다.

공의 작용

《중론》제26장 〈관십이인연품觀十二因緣品〉에서 용수는 12연기에 대해 아주 간단히 해설하고 있습니다. 《중론》의 주석가들은 이 장이 위의 《중론》제24장 제18 게송의 입장, 곧 공은 연기이고 그 공이 곧 연기라는 것은 실체가 없는 가설의 확립이라는 입장에서 12연기를 해설한 것이라든지, 혹은 세속제의 입장에서 해설한 것이라든지 하는 것을 말하고 있습니다.

어느 쪽이든, 이 제26장은 12연기설을 긍정적으로 설하고 있는 것입니다. 12연기를 공이라고 하는 것이 아니라 세간 사람들이 믿고 있는 12연기를 긍정하면서 설하고 있습니다. 그것이 공의 작용으로서, 세간적으로는 의미 있는 신조를 가설적인 진리로 인정하고 있는 것입니다. 이 장은 다음과 같이 요약할 수 있습니다.

무명 등의 번뇌에 덮인 사람은 여러 가지 행위를 행하고, 그 행위가 재생을 이끈다. 그 행위를 원인으로 식이 생존의 장소에 들어갔을 때 명색이 나타나고 명색이 나타났을 때 6처가 발생한다. 눈 및 색깔과 모양 그리고 주의력(名의 한 형태)에 의해, 곧 명색에 의해 식이 발생한다(여기서 용수는 식과 명색의 상호관계를 인정하고 있습니다). 그 눈과 색깔 및 모양과 식의 접촉이 촉이다. 촉으로부터 수가, 수로부터 애가 있고, 애의 대상에 갈증을 느껴서 취가 일어난다. 취에 의해 유가 일어나고, 그 유는 5온이다. 유로부터 생이 일어나며, 생으로부터 노·사·우·비·뇌·고·민이 일어난다.

그러므로 지혜로운 자는 윤회의 근본인 행을 짓지 않는다. 그는 진실을 보고 있기 때문이다. 무명이 멸했을 때 행은 발생하지 않는다. 각 지분이 소멸하는 것에 의해 그 후의 지분이 나타나지 않는다. 이렇게 해서 고의 집합이 완전히 소멸한다.

12연기에 대한 용수의 간단한 이 해설에는 유부와 같이 유有를 업유業有라고 하지 않고 5온이라고만 설하는 것이나, 3세양중인과나 중유, 태내 5위 등을 설하지 않는 등의 특색이 있습니다. 그러나 12연기를 과거·현재·미래에 걸친 윤회의 과정이라고 해석하는 점에서는 유부 등과 다르지 않습니다. 연기한 것은 공이고 생멸이 없다고 말해온 용수는 왜 여기서 12연기를 인정하고 해설하고 있을까요?

윤리의 근거

앞서 말한 것처럼, 용수의 공사상은 세간의 도덕·비도덕 및 그 외의 좋은 신조나 관행을, 실체는 없지만 공이 드러난 것으로서 인정하지 않으면 안 된다는 의도도 포함하고 있습니다. 윤회설은 선한 행위에 의해 미래에 행복을 얻고 나쁜 행위에 의해 미래에 화를 얻으며(인과응보), 그 행위의 과보는 행위를 한 본인에게만 나타난다(자업자득)고 설합니다. 이것은 인도문화권 혹은 불교권에서 사회 윤리에 근거를 제공하는 유일한 이론이었습니다.

일신교의 세계인 서구 세계에서는 도덕·윤리가 우주의 창조주인 유일신의 명령으로 성립해 있습니다. 그러나 그와 같은 유일한 신을 갖지 않았던 인도 세계에서는 윤회설이야말로 도덕에 근거를 제공하는 유일한 이론이었습니다. 윤회설 없이는 불교사회의 윤리도 성립하지 않았습니다.

12연기는 용수 당시 불교계에서 윤회와 도덕을 설하는 가장 중요한, 그리고 아마도 가장 합리적인 교설이 되어 있었던 것입니다. 용수는 실체적으로 설해진 12연기가 아니라, 공의 드러남으로서 임시적인 것이긴 하지만 유의미한 업보윤회의 가르침으로써 12연기를 세간에 확립하려 했습니다.

선도 행복도 미혹

그러나 불교에서, 시대와 학파의 상위를 불문하고, 업보윤회는 미혹의 생존에서 선악의 행위와 화복의 업보 사이의 관계를 설하는 이론이었습니다. 결코 깨달음의 세계와 관계하는 것은 아니었습니다.

신들[天]의 세계에 태어나든 지옥에 떨어지든, 그것은 결국 미혹의 세계인 윤회 안의 사건입니다. 신들이나 인간의 세계에 태어나는 것은 행복이고 지옥·아귀·축생·아수라에 태어나는 것은 불행입니다. 그러나 그 행·불행도 미혹된 생존에서의 사건이고 윤회 속의 사건입니다.

인간은 칭찬이나 명예나 이익을 얻기 위해서도 선을 행합니다. 설령 그것에 의해 행복을 얻을 수 있다고 해도 깨달음과는 멀리 떨어진 것입니다. 인간의 선악은 똑같이 미혹입니다.

해탈은 윤회로부터의 해방이고 깨달음은 업보윤회를 넘은 곳에서 얻을 수 있는 것입니다. 업보윤회 그리고 도덕은 미혹의 세계에 다름 아닌 세간의 질서를 세울 수는 있지만, 우리가 도덕에 의해 구제되어 윤회를 벗어날 수는 없습니다.

2

윤회를 벗어나는 길

- 《인연심론》 번역

《인연심론因緣心論》이라고 불리는, 불과 일곱 구절의 게송으로 이루어진 소품과 그에 대한 주석이 있습니다. 이것은 둘 다 용수의 작품으로 간주되고 있습니다. 이 《인연심론》에서 용수는 12연기를 해설하고 윤회를 설하면서, 윤회를 벗어나는 깨달음에 이르는 길도 설하고 있습니다. 그다지 길지 않기 때문에 아래에 산스크리트본·티베트본·한문본 텍스트를 참조하여 전체를 번역해보았습니다.

번뇌·업·고

여기에 법을 듣고자 하는 사문沙門으로서, 학식·기억·이해·추리·비판의 능력을 모두 갖추고 있는 제자가 스승에게 와서 여래의 가르침에 대해 이렇게 물었다.

"스승이여, 여기에서

[석가]모니에 의해 연기된 것이라고 설해진 12지분은(1ab)

어디에 포함된다고 보아야 합니까? 여쭙고 싶습니다."

스승은 그가 교법의 진리를 묻고 있는 것을 알고 이렇게 대답했다.

번뇌와 업과 고 세 가지에 전부 포함된다.(1cd)

라고 분명하고 자상하게 말했다. 그중에서 12란 10과 2이다. 지분이란 그것의 구성부분이 구별되기 때문인데, 수레의 부분과 같은 부분이라는 것이다. 몸과 말과 마음으로 침묵하고 있기 때문에 무니(침묵하는 사람)라고 한다. 그 무니에 의해 '설해졌다'는 것은 '말해졌다' '명확해졌다'는 것과 동의어이다. 그것은 원질(샹캬학파가 설하는 세계 원인) · 결정성 · 푸루샤(우주를 창조하는 신인) · 다른 것에 의존하는 것 · 자재신 · 시간 · 자연 · 자발성 · 천명 · 우연성 등의 원인들로부터 발생한 것이 아니라 연기된 것이다. 이들 12지는 번뇌와 업과 고 안에 갈대의 묶음처럼 서로 의존해 있어서 세 가지 안에 남김없이 포함된다. '전부'란 '남겨놓은 것 없이'라는 뜻이다.

12지와 번뇌·업·고

묻는다. 이들 원인인 지분이 거기에 속한다고 할 때, 그 모든 번뇌란 무엇이고 업이란 무엇이며 고란 무엇입니까?

대답한다.

제1과 제8과 제9가 번뇌이다.(2a)

12(지)분의 제1은 무명이고, 제8은 애이며, 제9는 취이다. 이 셋은 번뇌라고 알라. 업이란 무엇인가 하면,

제2와 제10이 업이다.(2b)

제2는 행이고 제10은 유이다. 이 두 가지는 업에 포함된다고 알아야 한다.

그리고 나머지 일곱은 고이다.(2c)

번뇌와 업에 포함된 이들 (지)분 외에 나머지 일곱 가지 부분은 고에 포함된다고 알아야 한다. 곧 식·명색·6처·촉·수·생·노사이다. '그리고'란 단어는 접속의 의미로 사용되고 있어서 사랑하는 사람과 헤어지고[愛別離]·미워하는 사람과 만나며[怨憎會]·구하고자 하는 것을 구하지 못하는[求不得] 고통 등을 포함한다.

열둘은 단지 셋에 포함된다.(2d)

그러므로 이들 열둘은 업과 번뇌와 고에 [포함된다]고 알아야 한다. '단지'라는 말은 더 많은 것을 부정하기 위해서다. 경전에 설해져 있는 것은 이들 [셋]뿐이고 그 외의 것은 없다고 알려주기 위해서이다.

번뇌·업·고의 관계

묻는다. 그것은 알겠습니다. 번뇌와 업과 고 중에서 무엇이 무엇으로부터 발생하는지 설명해주십시오.

대답한다.

셋에서 둘이 발생한다.(3a)

번뇌라고 불리는 셋(무명·애·취)에서 업이라고 불리는 둘(행·유)이 발생한다.

둘에서 일곱이 발생하고,(3b)

[일곱이란] 앞서 설했던 고(식·명색·6처·촉·수·생·노사)라 불리는 것이다.

일곱에서 셋이 발생하고,(3bc)

[셋이란] 번뇌라고 불리는 것이다. 또 다시 번뇌라는 그 셋으로부터 [업이라는] 둘이 발생하고,

그렇게 반복해서 바로 그 유의 바퀴는 그래도 [정해지지 않은 채] 굴러간다.(3d)

'유'란 세 가지가 있으니, 욕과 색과 무색[의 유](욕망의 생존, 욕망이 없는 물질만의 생존, 욕망도 물질도 없는 생존)라고 불린다. 그 속을 어리석은 세상 사람들은 멈추지 않고 구르는 바퀴가 되어서 그래도 [정해지지 않은 채] 스스로 돌아다닌다. '그래도'란 말은 멈추지 않는 것을 나타낸다. 수레바퀴는 순서를 따라서 돌지만 [세상 사람들은] 그와 같이 [욕·색·무색의] 유에 [순서대로] 태어나는 것이 아니라 [순서가] 정해져 있지 않다고 설하고 있다.

중생이란 무엇인가?
묻는다. 그러면 모든 신체의 주인인 중생이란 무엇이고 그 작용은 어떤 것입니까?
　대답한다.

세계는 모두 원인과 결과이고,(4ab)

비유적이 아니라,

여기에는 그 밖에 어떤 중생도 없다.(4b)

이것은 진실로서 고찰된 것이지 비유적 표현으로서 [그렇다는
것이] 아니다. 비유적으로 있는 것은 실제로는 그렇지 않은 것
이다.
　묻는다. 만약 그렇다면, 누가 이 세상에서 저 세상으로 갑니까?
　대답한다. 티끌만큼도 여기서 저 세상으로 가지 않는다. 그런
것이 아니라

공空에 불과한 것으로부터 공한 것이 발생할 뿐이다.(4cd)

　나(자아)와 내 것(자아의 소유)이 없는 것이자, 번뇌와 업이라
고 불리며, 원인인 다섯 가지로부터 나와 내 것이 없고 고라고
불리며 결과로서 구상된, 일곱 가지 공한 것이 발생한다는 의
미다. 다음과 같은 것이 말해진다. 자아도 자아의 소유도 없다.
이들 [12지]는 상호 간에 자아가 되거나 자아의 소유가 되는 것
이 아니다. 오히려 실체로서 자아가 없는 여러 가지 사물로부

터 실체로서 자아가 없는 여러 가지 사물이 발생한다고 이해해야 한다고 설한다.

자아가 없는 것

여기서 묻는다. 실체로서 자아가 없는 것으로부터 실체로서 자아가 없는 것이 발생한다는 것에 어떤 비유가 있습니까?

대답한다.

경전을 가르치는 것·등불·도장·거울·음성·태양석·씨앗·신맛에 의해,(5ab)

이들 비유를 고찰하는 것에 의해 실체로서 자아는 없지만 저 세상이 존재하는 것을 알아야 한다. 예를 들면, 염송하는 언어가 스승의 입에서 제자에게 옮겨간다고 하면 스승의 염송이 없어지게 된다. [하지만 그런 일은 없다.] 그러므로 사실은 옮겨가는 것이 아니다. 그리고 제자가 복창하는 것이 다른 곳에서 오는 것도 아니다. 그렇다면 원인이 없는 것이 되어버리기 때문이다.

죽는 시점의 마음도 스승의 입에서 염송하는 것과 같다. 그것이 저 세상에 가지는 않는다. [만약 간다면] 상주한다는 오류가 되기 때문이다. 그렇다고 해서 저 세상이 다른 곳으로부터 발생하는 것도 아니다. [만약 다른 곳으로부터 발생한다면] 원인이 없다는 오류에 빠지기 때문이다.

마치 스승의 염송을 원인으로 발생한 제자의 복창이 [스승의 염송과] 같다고도 다르다고도 말할 수 없는 것처럼, 죽는 시점의 마음에 의해 [발생한] 태어나는 시점의 마음도 그와 같다. [죽은 시점의 마음과] 같다고도 다르다고도 말할 수 없다.

마찬가지로 마치 등불로부터 등불이 켜지고, 얼굴로부터 거울의 영상이, 도장으로부터 인장이, 태양석으로부터 불이, 씨앗으로부터 싹이 발생하고, 신맛의 과일[을 다른 사람이 먹고 있는 것을 보는 것]을 원인으로 턱에 침이 흐르고, 음성으로부터 메아리가 발생한다. 그들도 [전자와 후자가] 같거나 다르다고 아는 것은 어렵다. 그와 같이,

지자들은 온蘊의 속생續生, 그리고 이행移行이 없는 것, 혹은 옮겨감이 없는 것을 이해해야 한다.(5cd)

그중에서 온이란 색·수·상·행·식 [5]온이다. 그것의 속생(=結生)이란 [그것들이] 소멸하고 그것을 원인으로 하는 다른 [결과]가 발생하는 것이다. [그러나] 이 세상으로부터 저 세상으로 티끌만큼의 사물도 옮겨가지 않는다. 그렇다면 윤회의 바퀴는 잘못된 분별의 습기習氣에 의해 발생하는 것이다.

진실을 보다

'그리고'란 환멸[의 의미]이다. 앞에서 설한 [순서]와 반대라고 알아야 한다. [곧] 모든 사물을 무상·고·공·무아라고 관찰하면, 모든 사물에 미혹되지 않는다. 미혹이 없으면 집착이 없다. 집착이 없으면 미워함도 없다. 미워함이 없으면 업을 짓지 않는다. 업을 짓지 않으면 사물을 자신의 것으로 취하지 않는다. 취가 없으면 유를 만들지 않는다. 유가 없으면 태어나지 않는다. 태어나지 않으면 신체나 마음에 고통이 발생하지 않는다. 그렇게 해서 이 세상에 다섯 가지 원인(애·증·업·취·유)을 모으지 않기 때문에 저 세상에서 결과도 발생하지 않는다. 이것을 해탈이라고 한다. 그렇게 해서 상주와 단멸의 [양]극단 등의 악견이 제거된다.

이 점에 대해 두 게송이 있다.

아주 미세한 것에 대해서도 단멸을 분별한다면, 어리석은 사람은 연기의 의미를 보지 못한다.(6)

이 세상에는 제거해야 할 것도 없고 정립해야 할 것도 없다. 진실을 진실로 보아야 한다. 진실을 보는 자는 해탈한다.(7)

3

윤회는 꿈

- 《인연심론》 해설

윤회의 주체

12연기의 각 지분을 번뇌와 업과 고통(혹은 事)으로 3분하는 것은, 《십지경》《대비바사론》《구사론》《대지도론》 등에서도 볼 수 있습니다. 나중에 이 점을 다루고자 합니다. 연기는 고대 인도에서 세계나 모든 사물의 원인으로 간주했던, 원질原質 영인靈人 자재신自在神 자연自然 우연偶然 등과는 다르다고 용수는 말하고 있습니다. 12지분을 담은 번뇌·업·고통이라는 세 개념은 마치 세 가닥의 갈대나 볏짚이 서로 의지하여 서 있는 것과 같습니다. 지분의 설명이 끝난 후, 제자가 윤회의 주체인 중생과 그 작용이 무엇인가를 묻습니다. 그에 대해 용수는 중생의 개체 존재의 요소인 5온의 인과관계가 12지분의 연쇄를 구성하는 것이고, 거기에 자아나 중생이라고 불리는 윤회의 주체 등은 존재하지 않는다고 말합니다.

윤회로 해석된 12연기에 대해, 윤회의 주체로서의 자아는 존재하지 않고 다만 5온만이 계속해서 인과의 연쇄를 구성할 뿐이라는 것은 설일체유부도 주장하고 있습니다. 무아를 기본적

원리로 하는 불교에서는 윤회의 주체로서의 자아는 존재하지 않습니다.

용수는 유부보다 한발 더 나아가 이 세상으로부터 저 세상으로는 티끌만큼도 옮겨가지 않는다고 합니다. 어떤 실체도 이 세상에서 죽은 후 저 세상에 태어날 리는 없습니다. 다만 공에 불과한 것으로부터 공에 지나지 않는 것이 태어날 뿐이라고 합니다.

그것은 비유적인 표현이 아니라, 진실로 주체가 없는 인과因果, 공空의 인과가 있을 뿐이라고 합니다. 식識과 유有 그리고 생生은 모두 어떤 실체도 없는 것이기 때문에, 공한 5온으로부터 공한 5온이 발생한다는 것이 이른바 윤회입니다.

공한 5온

공한 5온으로부터 공한 5온이 발생한다는 것은 무엇인가 하는 질문에 대해 용수는 경전을 가르치는 것 외에 여덟 가지 비유를 들어서 설명하고 있습니다.

경전을 가르칠 때, 스승이 경문을 염송하고 제자가 그것을 따라 읊습니다. 경문을 염송하는 스승의 언어가 그대로 제자에게 옮겨갈 리는 없습니다. 그러나 제자가 따라 읊는 말은 스승 이외의 다른 곳에서 온 것이 아니라 스승의 입에서 나온 것을 원인으로 합니다. 그 양자의 관계는 같은 것도 아니고 다른 것도 아닙니다. 그것은 씨앗에서 싹이 나올 때, 씨앗은 싹과 같은 것도 아니고, 다른 것도 아닌 것과 같습니다. 용수는 인과관계를 부정할 때도 원인과 결과가 같은 것도 아니고 다른 것도 아니라고 말했습니다. 원인이 결과와 같은 것도 아니고 다른 것도 아니라는 것은, 원인이 원인으로서 실체를 갖지 않고 결과도 결과로서의 실체를 갖지 않는 공이라는 것이었습니다. 여기서도 같은 논리가 작동하고 있습니다.

다시 태어남

죽는 순간의 마음[死有]과 다음 생에 태어나는 순간의 마음[生有]의 관계도 같은 것이라고 용수는 말합니다. 마음은 순간적 존재이기 때문에 사유가 그대로 생유가 될 리가 없습니다. 또 생유가 사유와 다르다면 같은 사람이 다시 태어난 것이 아닙니다. 여기서도 사유와 생유는 같은 것도 아니고 다른 것도 아닌, 곧 양자 모두 공인 셈입니다.

덧붙여서 말하면, 사유와 생유를 직접적으로 결부시키고 있는 것을 볼 때, 용수는 유부가 설하는 중유中有를 인정하지 않는다는 것을 알 수 있습니다.

5온이 이 세상에서 죽어서 저 세상에 다시 태어났다고 말할 때, 거기에 5온의 속생이 있게 됩니다. 그러나 실체가 있는 사람이 이 세상에서 저 세상으로 옮겨간 것은 아닙니다. '속생續生'이라고 번역한 말은 유부에서 말하는 '결생結生'과 같은 것입니다.

공한 5온이 죽은 후에 공한 5온이 다시 태어난다면, 거기에는 이 세상에서 저 세상으로 옮겨가는 어떤 것도 없게 됩니다. 그래서 용수는 '윤회의 바퀴는 잘못된 분별의 습기의 소산일 뿐'이라고 단언하고 있습니다. 습기란 습관성·잠재적인 인상을 말합니다. 윤회라는 관념은 사람들의 잘못된 판단 외에는 아무것도 아니라는 것입니다.

윤회는 꿈인가

윤회는 꿈과 같은 것입니다. 꿈이 없는 것이라고는 말할 수 없습니다. 악몽에 시달리고 있는 사람에게는 그만큼 심각한 사실이 없겠지만, 그러나 꿈에서 깨어나면 비로소 그것이 현실이 아니라는 것을 알게 됩니다. 그와 같이 우리가 미혹된 삶을 살고 있는 한, 윤회는 사실입니다. 그러나 깨달았을 때 비로소 우리는 윤회가 존재하지 않았다는 것을 알게 됩니다.

《인연심론》의 제6 게송에서 '아주 미세한 것에 대해서도 단멸을 분별한다면'이라고 한 곳은 그것만으로는 잘 이해할 수 없습니다. 실은 이와 같은 게송이 용수의 다른 저서인《육십송여리론》[1]에 나옵니다. 거기에서 용수는 깨닫는 데 16순간의 마

---

1 《육십송여리론六十頌如理論》(TD30, No.1575)은 송宋의 시호施護가 번역한 용수의 저작이다. 귀경게와 마무리 게송을 제외한 본론이 60송의 게

음이 필요하다고 하는 유부의 자세한 이론을 비판하고 있습니다. 그것은 예를 들면, 사유와 생유 사이에 중유가 있다고 하는, 없느니보다 못한 존재를 개입시키는 유부를 비판하는 것과 같은 것입니다. 여기서는 그 미세한 것에까지 들어갈 필요는 없을 듯합니다.

《십지경》과 《인연심론》

《인연심론》에 보이는 용수의 사상에는 실은 선행先行 사상이 있습니다. 용수가 정독했을 터인 《십지경十地經》 제6지에 《인연심론》 제1-6 게송과 부합하는 문장이 있습니다.

그런데 이것에 대해서 분류하면, (1) 근본 진리에 대한 무지(무명)와 (8) 애착(애)과 (9) 미혹된 존재에 대한 집착(취)은 번뇌의 마음이 유전하는 것으로서 항상 계속해서 흐른다. (2) 주체적 행위(행)와 (10) 미혹된 존재(유)는 업이 유전하는 것으로서 항상 계속해서 흐른다. 그 이외의 것은 고뇌가 유전하는 것으로서 항상 계속해서 흐른다. 과거세의 미혹된 존재가 소멸하고, 미래의 미혹된 존재도 없다면, 이들 유전은 끊어 없어지고 만다. 그와 같

송으로 이루어져 있다. 유와 무라는 양 극단을 떠난 연기와 공의 이치로 《중론》의 다양한 논의를 간결하게 정리하고 있는 짧은 논서이다.

이 해서 세 가지 유전은 계속해서 생성되고 사라지게 된다. 개아
個我적 주체가 없고 개아적 주체에 속하는 행동도 없다. 그 진실
의 존재방식은 마치 세 가닥의 갈대가 하나로 묶이면 서로 의지
하여 서 있는 것과 같다.

- 荒木 典俊 역,《十地經》, p.181.

용수가 말하는 옮겨감이 없는 속생이라는 사고방식도《십지
경》제6지에 보입니다.

저 보살은 이와 같이 열 가지 진실상에 의해 다양한 조건에 조
건 지워지고 미혹된 존재가 생성되어 가는 진실을 깨달음의 지
에 의해 자세히 관찰한다. 그리고 거기에 자기도 없고 중생도 없
고 생명도 없고 인간도 없고, 실체적인 것이 없는 공이고 행동하
는 개아적 주체와 고통을 당하는 개아적 주체는 어디에도 없다
는 것을 깨달음의 지에 의해 자세히 관찰한다. 그러는 동안 공의
있는 그대로의 진여성眞如性에 의해 자유로운 해탈을 깨닫는 다
양한 길(공해탈문)이 현전現前한다.

- 荒木 典俊 역,《十地經》, p.187.

거울의 영상
중관파가 존중한《도간경稻竿經》에는 자아가 없는, 원인과 결

과의 속생을 거울의 영상에 비유한 문장이 보입니다.

그때 어떤 사물도 이 세상에서 저 세상으로 옮아가지 않는다. 그러나 모든 것의 원인이나 조건이 결여되지 않으면, 업의 결과가 나타나는 것이 인정된다. 아주 깨끗한 거울 표면에 얼굴의 영상이 보일 때, 얼굴이 그 거울의 표면으로 옮겨간 것은 아니지만, 모든 원인과 조건이 결여되어 있지 않기 때문에 얼굴이 비친다. 그와 같이 누군가가 이 세상에서 죽는 것도 아니고 저 세상에 태어나는 것도 아니다. …… 원인이나 조건이 결여되어 있으면 불은 타지 않지만 원인이나 조건이 완전히 갖추어지면 불은 타오른다. 바로 그와 같이 소유자가 없는 여러 사물이 있을 때, 내 것도 아니고, 집지執持되지도 않고, 허공과 같은, 본성으로서 마술과 같은 형태의 여러 사물이 있어서, 모든 원인과 조건이 결여되어 있지 않으면, 업과 번뇌에 의해 발생된 식의 종자가 어딘가 태어날 곳에 속생할 때, 모태에 명색의 씨앗을 발생시킨다.

- 《불설도간경》(TD16, 818b16-26)

スタディーズ空

제8장

연
기
와

공

1

공의 역설

8불

용수는《중론》첫머리의 귀경게(불보살에 대한 예배의 게송)에서
말합니다.

소멸하지도 않고 발생하지도 않으며, 단절되지도 않고 상주하지
도 않으며, 동일하지도 않고 다르지도 않으며, 오지도 않고 가지
도 않으며, 다양한 생각을 초월한 지복의 연기를 완전히 깨달으신
[붓다]가 설했다. 그 설법자 중의 최고인 분에게 나는 예배한다.

구마라집의 한역에서는 "불생不生이자 불멸不滅이며, 불상不常이자 부단不斷이며, 불일不一이자 불이不二이며, 불래不來이자 불출不出인 이 인연을 설하여 모든 희론戲論을 잘 멸했다. 나는 머리 숙여 붓다, 곧 모든 설법자 중의 제일이신 분께 예배한다"로 되어 있습니다.

산스크리트본에는 '소멸하지도 않고 발생하지도 않는다'라는 문장이 구마라집 역에서는 '불생이자 불멸'로 되어 있어 순서가 반대로 되어 있습니다. 그러나 여기에 특별한 의미가 있는 것은 아닙니다. 산스크리트의 작시법에는 꽤 번거로운 운율법이 있습니다. 이에 따르면 음절 수뿐만 아니라 장단에도 규칙이 있어서 '소멸하지 않고 발생하지도 않는다'라고 하지 않으면 운율법에 어긋나게 되기 때문에 그런 것일 뿐입니다.

한역의 경우, 여기서는 한 구를 다섯 자씩 만드는 것으로 그치기 때문에 '불생이자 불멸'이라는 일반적인 순서로 한 반면,

《반야등론》[1]이나 《대승중관석론》[2] 등에 포함된 《중론》의 다른 한역에서는 '불멸이자 불생'이라고 해서 산스크리트 문장에 일치하도록 번역하고 있습니다.

한역에서는 반드시 확실하게 하고 있지는 않지만, 산스크리트 문장에서는 '소멸하지도 않고 발생하지도 않는다' 등의 여덟 개의 부정(보통 8불不이라고 합니다)은 모두 '연기'에 걸리는 형용사입니다. 계속해서 '다양한 생각을 초월한(모든 희론을 멸한)' 및 '지복의(잘)'라는 구절도 '연기'에 걸리는 형용사입니다.

구마라집 역에서는 '모든 희론을 잘 멸했다'라고만 되어 있고 원문의 '지복의'에 해당하는 것이 없습니다. 그러므로 이 '잘'을 지복에 해당하는 것으로 해석하면 두 구절이 일치하게

---

1 《반야등론般若燈論》(TD30, No.1566)은 청변(淸辨, Bhāviveka, 490-570)이 지은 《중론》의 주석서이다. 당 파라바밀다라波羅頗蜜多羅가 630-632년에 번역하였다. 청변은 이 주석서에서 귀류논증을 주장하는 불호(佛護, Buddhapālita, 470-540)를 비판하고 《중론》의 주장을 긍정적 논증식으로 구성하여 주석하는 방법을 제시하였다. 이에 따라 청변은 티베트의 분류 방식으로는 자립논증파로 분류된다.

2 《대승중관석론大乘中觀釋論》(TD30, No.1567)은 유가행파에 속하는 안혜(安慧, Sthiramati, 510-570)가 지은 《중론》의 주석서이다. 북송의 유정惟淨과 법호法護가 1027-1030에 번역하였다. 유가행파에 속하는 논사가 주석한 《중론》 주석서라는 특이한 성격을 가지고 있으며, 청변의 귀류논증법에 비판적인 입장을 드러내고 있는 것으로 알려져 있다.

됩니다. 지복이란 길상 혹은 지선 등의 의미이기 때문에, 구마라집은 1구 5자에 제약되어 지복을 '잘'로 번역한 것이라고 생각할 수도 있습니다.

공의 연기

여덟 개의 부정 및 '다양한 생각의 초월' '지복' 모두가 연기를 수식하는 형용사라는 사실은 용수가 생각하고 있는 연기가 설일체유부 및 그 외의 연기설과는 달리 공의 연기라는 것을 뜻합니다. 그 공의 연기를 설한 붓다에게 예배한다는 것은 매우 중요한 의미를 가집니다.

발생하지도 소멸하지도 않고, 유도 아니고 무도 아니며, 오는 것도 아니고 가는 것도 아니라는 것처럼 두 개의 모순 개념을 모두 부정하는 것은, 그것에 의해 형용되고 있는 연기가 실은 공의 동의어라는 것을 나타내고 있기 때문입니다. 그것에 대해서는 이미 제5장 '공의 논리'나 제7장 '윤회와 공'의 앞부분에서 이미 말했습니다.

여덟 개의 부정에서 8이라는 숫자에 특별한 의미는 없습니다. 이와 같은 부정은 모든 개념에 대해서 적용시킬 수 있기 때문에 부정의 수는 무한히 있어도 좋습니다. 혹은 후기 중관파가 행하는 것처럼 '단일도 아니고 복수도 아니'라는 한 구절에 포함시킬 수도 있습니다.

연기와 인과

연기(ⓢ pratītya-samutpāda, ⓟ paṭicca-samuppāda)란 '연하여 발생하는 것'이란 의미입니다. 사물은 원인과 조건에 의해 발생하는 것이기 때문에, 연기를 인과관계라고 이해해도 좋습니다. 앞서(제6장 '연기설의 발전') 말한 2종 연기와 같이 고통 혹은 미혹된 생존이라는 결과의 궁극적인 원인을 찾는 연기는 인과관계입니다. 또 연쇄연기와 같이 중생의 생사윤회의 과정을 원인과 결과의 연쇄로 고찰하는 것도 인과관계라고 할 수 있습니다.

그러나 용수의 경우에는 인과관계뿐만 아니라 주체와 작용, 주체와 객체, 인식과 대상, 상의성 등도 연기에 포함시킵니다. 그 때문에 연기를 인과관계만으로 한정할 수는 없습니다. 이 경우 연기는 관계 일반이라고 해도 좋을 정도로 광의적으로 사용됩니다. 저는 연기를 과감하게 '의존성'이라고 번역해도 좋다고 생각하고 있습니다.

상호의존관계로서 연기

지금까지 봐온 것처럼 용수는 사물이 자체로부터도 발생하지 않고, 타자他者로부터도 발생하지 않는다고 해서 인과관계를 부정하고 있습니다. 자체와 타자는 모순 개념이기 때문에 모든 것은 자체와 타자에 포함됩니다. 따라서 사물은 자체로부터도 타자로부터도 발생하지 않는다고 하면, 인과관계 일반이 부정되는 것입니다.

또 원인과 결과라고 할 때, 원인이 결과 없이 원인일 수는 없으며, 결과도 원인과 독립적으로 결과일 수 없습니다. 그렇다면 원인과 결과는 장단長短이나 부자父子와 같은 상대개념, 곧 상의성이 되어버립니다. 여기서는 인과관계도 일종의 상호작용으로 이해할 수 있습니다. 혹은 원인이 결과를 발생시킨다고 생각한다면, 인과관계는 주체와 작용의 관계가 됩니다. 용수가 인식과 대상도 일종의 상의관계로 환원시키고 있는 것은 제5장 '공의 논리'에서 본 것과 같습니다.

원인이나 결과, 상대적인 관계에 있는 두 사물 각각을 자립적·불변불멸의 실체로 생각했을 때는 인과관계나 상대관계는 결코 성립하지 않습니다. 원인이 결과와 독립적으로 원인일 수 없으며, 또 원인을 실체로 본다면 원인이 결과로 변화할 수도 없습니다.

부자지간은 상대방과 독립적으로 아버지거나 자식일 수 없습니다. 따라서 아버지 혹은 자식이 자립적으로 불변불멸의 존재, 곧 실체로 있을 수는 없습니다. 그것이 모든 것은 실체가 없는 공이라는 사실입니다.

사람들은 언어에서 본질을 보고 실체라고 생각하고, 학자들은 그와 같은 입장에서 유의 형이상학을 세웁니다. 그렇다면 세상의 모든 언어관습이나 행동규범이 성립하지 않고, 도덕과 구제도 있을 수 없다고 용수는 말합니다. 그러므로 공사상은 모든 것이 공이 아니라면 어떤 것도 성립하지 않는다는 역설이 됩니다.

형식논리의 초월

이와 같은 공의 역설을 용수는 불생불멸·불일불이·불래불거 등의 표현으로 나타낸 것입니다. 통상의 논리로 보면 발생하지 않은 것은 소멸해 있는 것이요, 동일하지 않다는 것은 다르다는 것이며, 오지 않는다는 것은 갔다는 것이 됩니다.

　발생과 소멸, 같음과 다름, 오고 감을 동시에 부정하는 용수의 논법은 형식논리[3]적으로 말하면 배중률排中律[4]에 어긋납니다. 그러나 이것은, 이른바 형식논리가 개념과 존재를 동일시하는 것으로서(이것은 형식논리 자신이 선언하는 기본적 원칙입니다) 현

3　형식논리학은 개개의 판단이나 개념의 내용에 상관없이 추리의 형식적 타당성만을 문제로 삼는 논리학의 한 분과이다. 대표적으로 아리스토텔레스로 대표되는 고전논리학이 있다. 형식논리학은 동일률, 배중률, 모순률이라는 세 원칙을 가장 기본으로 하여 구성된다.

4　배중률排中律은 형식논리학의 기본 법칙 중 하나로서 명제 P에 대해 P이거나 P가 아닌 것이 성립한다는 법칙이다. 예를 들어 '소크라테스는 죽는다'라는 명제에서 '소크라테스는 죽거나 죽지 않거나 둘 중 하나이다'는 것이 성립한다는 것이 배중률이다. 곧 배중률은 양자의 중간이나 그 외의 상태를 부정하는 법칙이다.

상으로서의 현실을 설명하는 것이 아니라는 것을 의미합니다.

이 형식논리의 입장이 설일체유부의 입장이라고 생각하면, 형식논리를 초월한 용수가 역설적인 논법으로 유부를 비판했다는 사실을 잘 이해할 수 있을 것입니다. 여기서 형식논리를 초월했다고 한 것은, 최고의 진실(승의)이 아니라 세간 일반(세속)의 일을 논의할 때는 용수도 형식논리에 부합하는 이론을 사용하고 있기 때문입니다.

2
오지도 않고 가지도 않는다

불래불거의 전통

여덟 개의 부정을 '오지도 않고 가지도 않는다'는 한 문장에 포함시킬 수도 있습니다. 실은 불래불거不來不去라고 하면, 초기 불교 이래의 긴 전통과 연결할 수 있습니다. 팔리 경전의《중부》제72경은 〈밧차곳타 불의 경[火喩經]〉입니다. 이것은 한역《잡아함》제962경, 그리고《별역잡아함》제196경과 일치합니다. 이 경에는 밧차 족의 남성과 붓다가 다음과 같은 문답을 나누고 있습니다.

밧차는 붓다가 계신 곳으로 와서 세계는 시간적으로 유한한가 무한한가, 공간적으로 유한한가 무한한가, 자아는 신체와 동일한가 다른가, 여래는 사후에 존재하는가 존재하지 않는가 하는, 당시에 자주 논의되었던 형이상학적인 문제에 대해 질문하였습니다.

마지막 질문인 여래가 사후에 존재하는가 아닌가 하는 질문에 대해 붓다는 밧차에게 "그대 앞에서 어떤 사람이 큰 불을 피웠는데, 그 불이 꺼진 후 동쪽으로 가는가, 서쪽으로 가는가? 남쪽으로 가는가, 북쪽으로 가는가?" 하고 반문합니다.

밧차는 "풀이나 마른 소똥 등을 계속해서 넣으면 불은 계속 타지만, 그렇지 않으면 불은 저절로 꺼져버리기 때문에 어디론가 간다는 것은 있을 수 없습니다" 하고 대답합니다.

붓다가 말합니다. "그와 같이 여래나 해탈한 비구가 신체·감각·표상·의욕·의식이라는 5온을 끊어버리면 다시 태어나는 일이 없다. 여래는 동·서·남·북 어느 쪽으로도 가지 않는다. 그것은 마치 타라 나무의 머리를 자르면 그 나무는 죽어버려서 다시 살아나는 일이 없는 것과 같다."

《제일의공경》

여기에는 여래의 사후 생존에 관해서 불래불거가 명확히 설해져 있습니다. 한역 《잡아함》 제335경은 산스크리트로 남아 있는 논서에도 인용되어 있는 중요한 경전입니다. 여기서는 '제일의공第一義空'이라고 불리는 교의가 설해져 있습니다.

> 눈은 발생할 때 오는 곳도 없고, 소멸할 때 가는 곳도 없다. 그와 같이 눈은 실제로는 발생하지 않고 발생하면 곧 사라진다. 업보는 있지만 [그 업의] 작자는 없다. 이 심신이 멸하면, 다른 심신이 상속한다. … 귀·코·혀·몸·의식도 마찬가지다.
>
> - 《잡아함》 제335경(TD2, 92c16-20)

이어서 이 경전은 세속의 '법의 약속'으로서는 12연기로 설해진 것 같은 업보윤회가 있지만, 최고의 진실(승의·제일의)로서는 공이라고 말하고 있습니다. 이것은 용수의《인연심론》과 마찬가지입니다.

붓다 당시까지 인도 사람은 대체로 모든 것은 단수 혹은 복수의 실체로부터 발생하고, 사물이 소멸할 때 다시 그것으로 돌아간다는 사고방식을 가지고 있었습니다. 따라서 인과율이라고 할 만한 것은 발견되지 않았던 것 같습니다. 붓다가 A가 있을 때 B가 발생하고 A가 없을 때 B는 소멸한다는 형태의 연기설을 설한 것은 인과관계의 귀납을 발견한 것입니다. 그것은 그때까지 인도에는 없었던 사고방식이라고 스리랑카 출신의 탁월한 불교학자 자야틸레케K.N.Jayatilleke가 말했습니다.

위 경전에 나타나 있는 연기관緣起觀과 용수의 연기설緣起說은 다시 발전하여, 인과율에만 머물지 않는다는 것은 이미 말한 그대로입니다.

《노여인경》

《노여인경》[5]이라는 경전이 있습니다. 이것은 대승의 영향을 상

---

5 《노여인경老女人經》(TD14, No.559)은 지겸支謙이 번역한 짧은 경전이다. 내용은 붓다가 전생의 어머니였던 늙은 여인을 만나, 모든 법은 인因과

당히 받은 경전입니다. 그 안에는 생로병사·5온·6근(안·이·비·설·신·의)·5대(지·수·화·풍·공) 등이 오는 곳도 없고 가는 곳도 없으며, 인연에 의해 생멸하는 것은 마치 두 개의 나무를 마찰시키면 불이 일어나고, 연료가 없으면 불이 꺼지는 것과 같다고 말하고 있습니다.

이 경전에는 비유의 수가 늘어나 있습니다. 북소리는 가죽과 북채와 사람이 치는 힘에 의해서 발생하고, 비는 용龍의 몸에서만 나오는 것이 아니라 용이나 구름 등의 인연에 의하며, 벽화는 벽 혹은 화가로부터만 발생하는 것이 아니라 그들과 그림 도구 그리고 다른 인연에 의해서 완성된다고 합니다. 이것은 아마 《팔천송반야경》에서 인용한 것이라고 생각됩니다.

여래는 오거나 가지 않는다

《팔천송반야경》이나 《이만오천송반야경》 말미에는 상제(常啼, Sadāprarudita)와 법상(法上, Dharmodgata)이라는 두 보살을 둘러싼 장대한 이야기가 전개됩니다.

상제는 자신이 붓다가 없는 시대에 태어난 것을 한탄하여, 늘 울면서 구도를 계속하고 있었습니다. 한때 그는 궁중에서

연緣에 의해 이루어지고, 인과 연이 사라지면 없어져, 오는 곳도 없고 가는 곳도 없다고 설하는 내용이다

"동쪽으로 가서 지혜의 완성(반야바라밀)을 구하라" 하는 소리가 울리는 것을 들었습니다. 소리가 없어졌을 때, 그는 어디까지 가면 되는지 물어보지 않았다는 것을 알고 눈물을 흘리면서 한탄했습니다.

그는 7일 밤낮을 그 장소에 머물러 피곤함과 배고픔, 추위와 더위도 잊고 지혜의 완성을 듣는 것만을 생각했습니다. 그때 여래가 나타나 동쪽으로 5백 요자나 떨어진 곳에 있는 간다바티라는 도시에 사는 법상 보살이 그대의 스승이므로 거기에 가서 지혜의 완성을 들으라고 격려했습니다.

상제가 그곳에서 여러 가지 삼매에 들어 있을 때, 시방세계에서 보살들을 위해 지혜의 완성을 설하고 있는 무량하고 무수한 불세존들이 눈앞에 나타났습니다. 삼매에서 나와 모든 부처님들이 사라졌을 때, 그는 '이 여래들은 어디에서 와서 어디로 간 것일까?' 하고 의아스럽게 여깁니다.

상제는 숱한 고난을 거친 후 이윽고 법상 보살과 만납니다. 그는 먼저 자신이 명상 속에서 본 무수한 부처님은 어디에서 와서 어디로 갔는가를 묻습니다. 법상이 그 질문에 이렇게 대답합니다.

"여래는 부동의 진여성이고, 발생하는 것이 아니기 때문에 가거나 오지 않는다. 여름의 뜨거운 햇살 아래 나타난 신기루가 어디에서 와서 어디로 간다는 것인가. 동쪽인가, 서쪽인가,

남쪽인가, 북쪽인가. 신기루에 물이라는 실체가 있을 리 없기 때문에 그것은 오는 것도 없고 가는 것도 없다."

마술사가 마법으로 만든 군대, 사람이 꿈속에서 본 여래, 비나(현악기의 일종)의 소리 등은 어디로부터 오는 것도 아니고 어디로 가는 것도 아닙니다. 그들 모두는 여러 가지 원인과 조건에 의해 나타나서, 원인과 조건이 없어지면 사라집니다. 실체가 없는 공에 오고 감은 없습니다. 여래는 공성과 다르지 않으므로 그 여래에게는 오고 감이 없습니다.

현전하는 부처님

《반주삼매경》6은 정토교에서 가장 중요한 경전입니다. 이 경은 반주삼매(현재 모든 부처님 앞에 있는 수행자의 삼매, 혹은 수행자의

---

6 《반주삼매경般舟三昧經》(TD13, No.418)은 지루가참이 179년에 번역한 정토계 경전이다. 반주란 산스크리트 'Pratyutpanna-buddha-saṃmukhāvasthita'를 축약한 음사어이다. 이 경전의 갖춘 명칭인 '시방현재불실재전입정경十方現在佛悉在前立定經'에서 알 수 있듯이, 반주삼매란 '현재 존재하는 붓다를 직접 마주보고 친견하는 삼매'를 의미한다. 곧 견불이라는 삼매 체험을 주제로 한 경전이다. 이 경은 전체 16품으로 이루어져 있으며, 반주삼매 및 그를 위한 수행법과 그 공덕에 대해 설한다. 마음의 대상이 되는 대상을 마음이 만들어 낸다는 사상의 선구적인 형태로 후대 유식사상의 기원이 되며, 동아시아 정토종의 성립에도 큰 영향을 미친 중요한 경전이다.

앞에 현재 모든 부처님이 있는 삼매)를 설하고 있습니다.

보살이 혼자서 한적한 곳에 가서 앉아 아미타불에게 마음을 집중한다. 그가 7일 밤낮을 산란함이 없이 아미타불을 염하면 아미타불을 볼 수 있다. 설령 그가 낮에 세존을 보지 못한다고 해도, 꿈속에서 아미타불을 볼 수 있다.

이 보살은 신비적인 시력[天眼]을 얻어서 여래를 보는 것도 아니고 신비적인 청각[天耳]을 얻어서 묘법을 듣는 것도 아니며 신비적인 행동능력[神足]을 얻어서 일순간에 아미타불의 세계로 간 것도 아니다. 이 보살은 이 세계에 있으면서 아미타불을 보고, 자신이 정토에 있다고 생각하고 가르침을 듣는다. 붓다의 힘과 삼매의 힘과 보살의 선근의 힘에 의해 여래를 본다.

어떤 사람이 깨끗하게 닦은 거울에 자신의 얼굴을 비추어서 그 영상이 나타났다고 해도, 그것은 그 사람이 거울 안으로 들어간 것도 아니고 영상이 거울 속에서 생긴 것도 아니다. 그와 같이 반주삼매에 의해 나타난 아미타불은 어디에서 온 것도 아니고 어디로 간 것도 아니다.

이와 같이 《반주삼매경》에서 설하고 있습니다.

이러한 사상의 계보를 보면 용수가 돌연히 '오지도 않고 가지도 않는 연기'를 말한 것이 아니라, 그때까지 불교에서 성숙해 온 불래불거不來不去의 연기를 계승하여 이것을 이론적으로 설명한 것임을 알 수 있습니다.

전쟁 중에 군대에 있던 사람은 모두 일본을 향한 충성과 세간의 도덕 간의 상극에 괴로워했습니다. 당시는 천황을 위해 한 사람이라도 많은 적군을 죽이는 것이 이른바 최고의 충성이었습니다. 그러나 세간의 도덕에서는 살인은 최대의 죄였습니다. 군대는 진격한 곳곳에서 주민의 식량이나 주거를 징발했습니다. 그것은 도둑질 이외에 다른 무엇도 아니었습니다. 전쟁 중에는 사람의 목숨이 기러기 깃털보다도 가볍다고 하지만, 전쟁이 끝나고 평화로운 시기가 되면 사람 목숨이 지구보다 무겁다고 말하게 되었습니다. 우리의 짧은 생애에도 도덕은 시대와 사회의 변화에 따라 덧없이 변하는 것을 여실히 경험하였습니다.

불교의 실천

불교에서는 재가를 위한 불멸의 도덕으로 5계戒를 세우고 있습니다. 다섯 가지란 살아 있는 것을 죽이지 말라[不殺生], 도둑질하지 말라[不偸盜], 부적절한 성관계를 저지르지 말라[不邪婬], 거짓말을 하지 말라[不妄語], 술을 마시지 말라[不飮酒] 등입니다. 대승불교에서는 이 5계보다 10선善이 재가在家나 출가出家를 불문하고 중시되었습니다. 10선의 첫 네 가지는 5계의 첫 네 가지와 동일합니다. 다섯 번째부터는 이간질하는 말[兩舌]·욕설·허언[綺語], 탐욕·분노·잘못된 생각(사견邪見, 우치愚癡)을 삼가는 것입니다. 탐·진·치의 번뇌가 악행으로 이끄는 길[業道]로 더해져 있고 불음주 항목은 없습니다. 그러나 《반야경》에서나 용수는 10선을 설한 후 마치 제11선과 같은 형태로 불음주도 덧붙이고 있기 때문에 술을 마셔도 좋다는 건 아닌 것 같습니다.

대승불교에서는 이 10선에 더해서 6바라밀도 설하고 있습니다. 그것은 보시·지계·인욕·정진·선정·지혜라는 여섯 항목입니다. 각 항목이 공의 이해에 의해 종교적인 깨달음의 행으로 전환되면 종교적인 '완성'을 뜻하는 '바라밀'이라는 말이 첨가되어 보시바라밀이나 반야바라밀 등으로 불립니다. 10선과 6바라밀을 합하면 대승의 계는 사회적인 도덕과 종교적인 수행을 겸비한 것이 됩니다.

《라트나발리(Ratnāvalī, 寶行王正論)》라는 저서에서 용수는 사타바하나 왕조의 어느 왕에게 설합니다. 단명·고뇌·빈곤·원한·공포·불운을 시작으로 지옥·아귀·축생 등 나쁜 세계에 태어나는 고통스런 과보가 있고, 반대로 10선을 지켜서 인간이나 천상에 태어나는 것 등 모든 행복과 번영을 누린다는 것입니다. 여기서 용수는 세속에서의 업보윤회의 교의를 수용해서 설하고 있습니다.

절대 평안의 세계

그러나 용수는 여기서 한발 더 나아가, 우리의 개체 존재(5온)와 이 세계는 모두 '내가 있다'는 자아의식과 '이것은 내 것이다'라는 소유의식의 소산이어서, 마치 거울에 비친 자기의 영상과 같이 실체가 없다고 설합니다. 개체 존재와 세계는 자아의식과 소유의식의 그림자입니다. 그것은 마술이나 아지랑이처럼 실체로서 존재하지는 않는 것입니다. 또 그 영상의 뿌리인 자아도 실재하지 않는다고 합니다. 마치 씨앗이 썩어 있으면 싹이 결코 돋아나지 않는 것처럼, 자아의식이 미망迷妄일 때 우리의 개체 존재와 세계가 실재할 리는 없다고 말합니다.

그렇다면 실재하지 않는 자아의식과 실재하지 않는 개체 존재 및 세계 속에 있는 선인락과善因樂果와 악인고과惡因苦果도 최고 실재의 입장에서는 실재하지 않는다고 용수는 말하고 있습니다. 선악의 행위에 과보가 없다고 하는 허무론도 잘못된 것이지만, 선악의 행위에 과보가 실재한다는 실재론도 잘못된 것입니다. 따라서 이 두 가지 극단적인 견해를 없애고 선악의 행위와 화복의 과보를 초월하는 것에 의해서만 해탈, 곧 열반의 경지를 얻을 수 있다고 말합니다.

세간의 도덕[世俗諦]과 종교적 깨달음[勝義諦]을 함께 진리로 설하면서도, 그 두 진리를 엄격하게 구별하여, 절대의 평안인 초월적 승의勝義의 우월성을 용수는 가르치고 있습니다. 그 사상을 이해하는 것은 결코 쉽지는 않습니다. 그러나 예를 들어 내가 도덕을 부정하는 허무론을 믿고, 살인이나 절도를 범했다면 어떻게 될까요? 반드시 나는 후회나 공포에 시달리다 지옥에 떨어질 것이 틀림없습니다. 설령 그 지옥이 악몽에 불과하다 해도 그 악몽이 사라지지 않는 한, 내 고통이 사라질 리가 없습니다. 이 현실에서 우리의 미혹된 생존도 이른바 악몽의 생존입니다. 그러므로 악몽에서 깨지 않는 한, 고뇌가 다하는 일은 없습니다. 지옥·아귀·축생·(아수라)·인간·천상이라는 5도(혹은 6도)의 생존은 화복에 정도의 차는 있지만 미혹된 꿈 외에는 아무것도 아닙니다. 꿈속에서 천상이나 인간의 행복은 꿈속에서 지옥·아귀·축생·아수라의 불행과 마찬가지로 결국 윤회의 고통일 뿐입니다. 용수는 꿈에서 깨어나라, 깨어나서 절대평안의 세계를 보라고 말하고 있습니다.

유한성의 자각

불교가 우리 인간을 지옥·아귀·축생·아수라·천계의 생명과
더불어 중생衆生이라고 부르는 데는 깊은 의미가 있습니다. 우
리는 이 세상에서 너무나도 인간중심적으로 살고 있습니다. 다
른 생명이나 식물, 자연을 인간에 종속시켜 살고 있습니다. 불
교가 5도·6도에서 중생의 윤회를 설하는 것은, 실은 인간이 지
옥이나 동물 그리고 신들 나아가 식물이나 자연과 분리될 수
없는 존재이고 그 가운데 일부일 뿐이라는 의미에서 유한한 존
재라는 것을 보여주고 있습니다.

인간은 지옥과 아귀 및 동물 그리고 그 외의 것과 본질적으
로 다르지 않습니다. 다른 생명과의 연대 안에서만 살아가는
인간의 유한성, 이른바 공간적인 유한성을 아는 것이 자각의
첫걸음이 되어야 합니다. 그 자각이야말로 인류가 지금 직면하
고 있는 다양한, 그리고 가장 근본적인 문제인 생태계 파괴·환
경오염, 결국은 지구 멸망 위기 등의 모든 문제에 대해 우리가
취해야 할 첫 번째 태도일 터입니다.

또 근대에 들어 너무나 세속화된 생활을 하고 있는 우리는
인간의 죽음, 자기 자신의 죽음조차도 마치 흙이나 병이 부서
지는 것 같은 남의 일로 여깁니다. 죽으면 모든 게 끝이라는 사
고방식은 인간이 자신을 물질적 대상으로 취급하고 자신의 삶
을 모욕하면서 살아가는 것 외에 그 무엇도 아닙니다. 그와 같

은 태도로는 인간의 향상, 보다 높은 깨달음의 세계를 향한 문도 닫혀버리게 됩니다. 오히려 내가 죽으면 벌레나 개나 신으로 다시 태어난다고 생각하는 편이 구원에 가깝다고 말할 수 있을 것입니다. 자신이 결국은 죽어 없어지는 몸이라는 인간의 시간적 유한성의 자각, 불교로 말하면 무상을 아는 것이야말로 우리를 죽음이 없는 세계로 이끄는 길입니다.

업보윤회의 가르침은 궁극적으로는 절대평안에 의해 초월되어야 하는 것이지만 업보윤회라는 인간 유한성의 자각은 절대평안으로 초월하기 위한 받침대인 것도 확실합니다. 도덕 그 자체가 구원은 아니지만 도덕적 자각 없이 종교적 자각은 얻을 수 없는 것이겠지요.

《반야경》에서 전면적으로 선양되기 시작한 공사상은 다른 모든 대승불교의 밑바탕에서 그것을 성립시키는 주춧돌 역할을 했다고 해도 과언이 아니다.《반야경》의 종교가들은 3삼매, 곧 공·무상·무원이라는 깊은 삼매 상태를 통해 심오한 종교적 체험을 하고, 자신들의 체험을 공의 사상으로 승화했다. 이를 바탕으로《팔천송반야경》을 비롯한 반야 경전은 공사상을 고갱이로 한 심원하고도 웅장한 반야바라밀의 사상을 전개하였던 것이다.

이러한《반야경》의 사상을 원천으로 하는 양대 대승학파가 바로 중관파와 유가행파이다. 그들은 모두 자신들이야말로《반야경》의 적자嫡子라고 주장하면서 인도에서 불교가 사라지는 그 순간까지 치열하게 논쟁하였다.

그중 중관학파의 시조가 남인도 출신의 나가르주나이다. 그는 《반야경》의 공사상을 누구보다도 먼저 이론화하고 그것을 무기로 주류불교뿐 아니라 인도 정통철학도 예리하게 비판하였다. 이를 통해 그는 붓다의 근본정신을 회복하고자 하였다. 이것이 그가 제2의 붓다 혹은 8종의 조사라 불리는 까닭이다.

이 책은 나가르주나 사상을 중심으로 하여 공사상을 대중적인 어휘로 쉽게 설명하는 것을 목표로 한 책이다. 본래 강연의 원고였던 까닭에 원서는 경어체로 이루어져 있고 구어적 느낌도 살아 있다. 하지만 번역 과정에서 출판사와 협의해 경어체를 평서체로 바꾸었다. 그렇다 하더라도 저자의 원래 의도가 그대로 전달될 수 있도록 최선을 다했다. 비록 대중적인 어휘로 쉽게 설명하는 것을 목표로 한 책이지만, 여전히 군데군데 나타나는 설명의 무게감과 심오함은 무작정 쉽지만은 않다. 칸트를 아무리 쉽게 설명해도 초등학생에게는 어려울 수밖에 없지 않은가. 그러한 부분의 이해는 독자의 몫으로 남겨둔다.

이 책의 저자인 가지야마 유이치는 인도불교 특히 중관과 논리학을 중심으로 한 대승불교 연구의 대가이다. 그가 저술한 책은 이미 대여섯 권 이상 한국어로 번역·출판되어 있을 정도로 한국에서도 잘 알려져 있다.

역자는 비록 반야와 중관사상의 전문가는 아니지만, 이 책의 번역을 의뢰받고 반가운 마음에 그 자리에서 수락하였다. 이 책의 목차와 내용이 이전에 맡은 반야중관이라는 제목의 강의를 준비하기 위해 역자가 마련한 강의안과 너무나 일치하였기 때문이다. 그러나 천학비재淺學菲才한 역자로서는 노대가老大家가 일생을 거쳐 연구한 결과를 응축한 간결하고도 심원한 내용까지 따라갈 수는 없었다. 이에 역자는 비록 번역을 통해서나마 반야중관의 핵심사상을 쉽게 소개하고자 하였다. 역자가 부끄러움을 무릅쓰고 이 책을 번역한 데는 반야중관의 핵심사상을 대중적이고 쉽게 소개하기 위한 적절한 교재가 눈에 띄지 않았던 이유도 있다. 아무쪼록 이 번역서가 그러한 역할을 하기를 바랄 뿐이다.

이 책은 일본의 순주샤春秋社에서 발행하는 입문 시리즈의 하나로서, 이 시리즈 중 《유식입문》이 이미 은사이신 이지수 선생님의 번역으로 출판되어 있다. 이 책이 출판됨으로써 인도 대승불교의 양대 산맥인 유식과 중관에 보다 쉽게 접근할 수 있기를 기대한다.

2007년 8월

역자가 이 책을 《공 입문》이라는 제목으로 2007년에 처음으로 번역 출판한 지 십수 년이 흘렀다. 이 책의 원서가 1992년 출판된 이후로 따지면, 30년을 꼬박 채워 가고 있다. 하지만 30년의 세월이 이 책의 가치를 바래게 하지는 않은 것으로 보인다. 이 책을 처음 출판한 일본 슌주샤春秋社에서 제목만 《스터디즈 공》으로 바꾼 채 2018년 재출간한 것도 본서의 가치가 여전히 살아 있기 때문일 것이다.

역자가 제목만 새로 바꾼 《스터디즈 공》의 재출간을 의뢰받고 이 책의 번역본을 다시 한번 꼼꼼히 살펴보면서, 2007년 처음 번역 출판했을 때와 여전히 같은 느낌을 받았다. '노대가가 일생을 거쳐 연구한 결과를 응축한 간결하고도 심원한 내용'이라는 것이다. 이것은 역자가 편집자로부터 재출간에 걸맞는 새로운 해제를 요청받았음에도 불구하고 망설였던 이유이기도 하다. 이 책에는 중관사상의 이해라는 내용적 측면에서는 기본적으로 역자가 사족을 더 달아야 할 부분이 없었다. 다만 내용이 매우 전문적인 면이 있기 때문에 보다 많은 독자가 쉽게 이해할 수 있도록 어려운 용어나 주요 인물에 대한 설명을 각주로 추가하였다. 혹여 각주의 내용에 잘못이 있다면 그것은 전적으로 역자의 책임이다.

그럼에도 불구하고 지난 30년간 불교학의 눈부신 발전은 천학비재한 역자에게도 이 책에서 한두 가지 진전된 연구성과의 소개가 필요한 부분을 발견하게 하였다. 그것은 이 책이 전제하고 있는 대승불교 재가기원설과 티베트불교 여래장사상 연구에 기반한 자공自空/타공他空이라는 공사상의 분류 방식이다. 이 두 주제를 극히 간략히 소개하는 것으로 개역본改譯本의 역자 후기에 갈음하고자 한다.

먼저 대승불교 재가기원설 문제다. 대승불교의 기원이 본격적으로 문제가 된 것은 근대 유럽학자들에 의해 팔리어로 기록된 이른바 초기경전이 발견된 후부터다. 대승불교 전통이 살아 있는 동아시아 불교국가 학자들에게는, 일본의 도미나가 나카모토(富永仲基, 1715-1746) 등 일부 예외를 제외하면, 이런 문제의 식조차 있을 수 없었기 때문이다. 근대 유럽학자들에 의한 초기불교 연구는 특히 일본의 불교학자들에게 많은 충격을 주었다. 초기불교 연구 열기는 대승불교가 비불설非佛說이라는 주장에 이르게 되었고, 일본의 많은 불교학자는 이에 반박하는 형태로 대승불교의 기원과 본질에 대한 연구에 몰두한다.

　대승불교와 주류불교의 연속성이라는 관점에서 가장 먼저 제시된 설명은 대승이 전통 불교 부파의 하나인 대중부大衆部와 출세간부出世間部에서 발전되어 나왔다는 주장이었다. 마에다 에가쿠(前田 惠學, 《대승불교성립사론》, 1903)에 의한 이른바 '대중부 기원설'의 등장이다. 이것은 대중부에서 제시하는 '자성청정심'이라는 교리나 출세간부에서 설하는 붓다의 초월적 성격이 대승불교 교리와 유사하다는 사실에 의거하고 있다. 대승불교 대중부 기원설은 출가자 중심의 기존 부파불교 교단이 대승으로 발전했다는 것을 의미한다. 하지만 이러한 설명은 히라카와 아키라平川 彰에 의해 이들 부파의 설명이 반드시 그들에게만 고유한 것이 아니라는 사실이 밝혀짐에 따라 그 힘을 잃게 되었다. 히라카와의 주장 이후에는 대중부 등이 오히려 대승의 영향을 받아 그들의 교의를 재구성했으리라는 설명이 유력해졌다.

　대승불교 대중부 기원설에 대해, 대승불교가 불탑신앙을 핵으로 한 재가신자 중심의 새로운 민중불교운동이라는 획기적인 주장을 제출한 학자가 히라카와 아키라(平川 彰, 《초기대승불교의 연구》, 1968)이다. 히라카와는 대승불교의 기원을 연구하기 위해서는 기존의 연구가 근거하고 있는 교리적 유사성보다, 초기대승교단의 제도적 측면을 고찰하는 것이 필수적이라고 생각하였다. 특히 재가신자의 '사리' 공양과 부파불교와 병행해 존재했던 불탑신앙집단의 찬불신앙이 대승의 형성에 중심적 역할을 했다고 생각한다. 그는 대승경전에 빈번히 언급되는 선남자, 선여인을 대승불교의 후원자라고 간주한다.

히라카와 연구의 의의는 대승불교의 담지자로 출가자가 아닌 재가자를 제시했다는 데 머물지 않는다. 그의 연구는 주로 경장과 논장에 근거한 사상 연구라는 연구방법론에서 벗어나, 율장에 근거한 제도의 연구라는 새로운 연구 방법론을 구축한 점에서 큰 의의를 갖고 있다. 히라카와의 대승불교 재가기원설은 이후 일본에서 광범위하게 받아들여졌고, 일본 불교학계의 영향력 아래 있던 한국의 불교학계에서도 폭넓게 수용되었다. 이러한 현상은 일본불교가 기본적으로 재가불교라는 점, 한국의 경우는 기존 승단에 대한 불만이 높아 다른 대안을 모색하던 중이라는 점 등 사회적 배경도 크게 작용한 것이다.

인도 대승불교의 기원과 성격에 대한 히라카와의 선구적 업적은 일찍부터 쇼펜(G. Schopen, "The Phrase 'sa pṛthīvipradeśaś caityabhūto Bhavet' in the Vajracchedikā: Notes on the Cult of the Book in Mahayana", *Indo-Iranian Journal* Vol. ⅠⅦ, Nos. 3/4: 147−181, 1975;

류현정 역, 〈금강경(Vajracchedikā)의 정형구 'sa pṛthivīpradeśaś caity-abhūto bhavet': 대승불교Mahāyāna에서 경전 숭배에 관한 생각〉, 《불교학리뷰》 17, 2015)에 의해 비판되었다.

쇼펜의 연구는 불교학 연구의 가장 일반적 방법인 문헌 연구가 아니라, 비문과 같은 고고학적 자료에 의거하여 연구를 진행하였다는 데 가장 큰 특징이 있다. 그는 비문 속에서 찾을 수 있는 대승불교의 증거는 4세기 이전에는 매우 희귀하다는 사실을 지적한다. 그는 이러한 사실로부터 대승불교는 독립된 집단으로서 4세기까지는 출현하지 않았고, 아마도 대승불교 운동은 극소수의 승려들에 의해 진행된 주변부 불교운동에 불과했을 것이라고 주장한다. 5세기 이후 대승불교가 인도사회에 공식적으로 등장한 것은 전통불교와 마찬가지로 세속화된 이후였기 때문일 것이라고 쇼펜은 추측한다.

한편, 폴 해리슨P. Harrison은 《반주삼매경》 등 지루가참에 의해 2세기경 한역된 초기 대승경전에 기반하여, 대승불교가 인가에서 떨어져 외지고 험한 곳에서 수행했던 승려로부터 나왔음을 보여준다. 그는 대승불교가 도시에 기반을 둔 재가신자의 헌신적 종교운동과는 거리가 먼, 엄격한 고행전통에 뿌리를 두고 있다고 한다. 이 또한 대승불교가 불탑을 중심으로 하는 재가자로부터 발생한 것이라는 히라카와의 주장을 정면으로 반박하는 것이다.

일본의 사사키 시즈카佐々木 閑는 아쇼카왕 시대에 불교 부파의 형식상의 통일이 이루어지고, 그때 파승破僧, 다시 말해 부파 분열의 정의가 변하였음을 보여주고 있다. 즉 동일 승단에 속한 승려는 비록 사상을 달리한다고 해도 포살 등의 집단 의식을 함께 행한다면 파승으로 간주되지 않는다는 것이다. 이러한 그의 주장은 승단의 내부에서 대승이 발전되어 나올 수 있음을 보여주는 가능성을 열어놓은 것이다.

이상 몇 가지 최신 연구 성과는 히라카와가 주장하듯이 대승불교가 재가자로부터 나온 것이 아니라, 오히려 출가자 중심의 운동이었다는 사실을 뒷받침한다. 이들 견해에 따르면, 새로운 불교운동은 기존 승단의 세속화에 반발하여 일어난 것이다. 아쇼카왕 이후 왕의 후원으로 성장한 불교 교단은 아비달마 교학을 발전시키는 한편, 세속화의 길도 걸었다. 교단의 승려들은 학문이나 명상 혹은 고행에 매진하는 대신, 재산을 축적하는 데 전념했다. 쇼펜에 따르면, 승려들은 개인적 재산이나 돈을 사용하는 것을 포기하지 않았을 뿐 아니라, 죽은 승려의 소유물을 대중에게 경매하기도 하였고, 가족의 재산을 상속받아 소유하기도 하였다. 심지어 사찰에서는 노예를 소유했다는 기록도 있다. 대승불교 운동은 이와 같은 승단의 타락상을 비판하고, 초기불교의 수행 정신으로 돌아갈 것을 주장하였다. 이와 같이 대승불교 운동의 담지자들은 자신을 석가모니 부처님의 전생을 가리키는 이름인 보살로 자칭하며, 초기불교 전통의 수행정신으로 돌아가 부처님과 같은 깨달음을 추구하였던 것이다.

다른 한편, 그들은 《팔천송반야》를 비롯한 《십지경》 《법화경》 《열반경》 등의 대승경전을 제작하고, 이를 불설로 승인하며 숭배하였다. 그들은 기존 승단에서 행해진 불탑(= 사리 = 유골 = 色身) 신앙을 비판하고 경전(= 法身) 신앙이 더 많은 공덕을 낳는다고 찬양하였다. 이에 따라 대승불교 운동은 특정 경전 숭배 운동이라는 성격도 갖는다.

이와 같은 출가자 중심의 대승불교 기원설의 대두에도 불구하고, 히라카와의 대승불교 재가 기원설이 완전히 폐기된 것은 아니다. 현재까지 학계에서 잠정적으로 합의되고 있는 것은 대승불교 운동이 단일한 기원을 갖는 단순한 운동이 아니라, 특정 경전을 숭배하는 집단을 중심으로 인도 전역에서 동시다발적으로 발생한 느슨한 형태의 종교 개혁 운동이라는 것이다.

다음으로 공사상의 이해와 관련한 자공설/타공설의 적용 문제이다. 이 역시 지난 30년간 눈부시게 성장한 티베트불교 연구 특히 여래장사상 관련 연구 성과에 의거한 것이다. 이것은 여래장사상을 중관의 공사상과 관계에서 어떻게 이해해야 할 것인가 하는 티베트 불교사상사 상의 문제의식과 관련되어 있다. 하지만 여기서는 티베트불교에서 여래장사상의 해석 문제에 대해서는 다루지 않는다. 다만 그 논의 과정에서 보이는 공사상에 대한 두 가지 이해, 곧 자공(自空, rang stong)과 타공(他空, gzhan stong)이라는 개념틀로 인도 공사상의 갈래를 이해하는 것이 가능할 뿐 아니라 매우 유용하다는 것을 보여주고자 하는 것이다.

반야경의 공사상과 그것을 이론화한 중관사상의 그것을 올바로 이해하기 위해서는 '공(空, śūnya)'이라는 단어의 용법부터 명확히 이해할 필요가 있다. 공사상에 대한 혼란스럽거나 자의적인 이해는 많은 경우 이 단어의 독특한 용법을 정확히 이해하지 못하는 데서 기인하기 때문이다. 우선 초기경전에 나타난 이 단어의 용법부터 살펴보자.

초기경전에서 '공'이란 말은 일상적으로는 비어 있는 장소를 가리킬 때 사용된다. 예를 들어 사람이 없는 빈 집을 '공한 집', 비구 비구니들이 없는 빈 강당을 '공한 강당', 범천이 없는 빈 천궁을 '공한 천궁'이라 하는 것이다. 여기서 주의해야 할 점은 이 상태에서 있는 것과 없는 것을 정확히 구분하는 것이다. '공한 집'이라는 표현에서 공이 형용하는 것은 '집'이지만, 집이 없는 것은 아니다. 없는 것은 거기에 있을 것이라고 예상되는 '사람'이지 집이 아닌 것이다. 마찬가지로 '빈 천궁'이라고 할지라도 거기에 없는 것은 천신이지 천궁 자체는 존재하는 것이다. 공이라는 말이 사용될 때는, 이와 같이 있는 것과 없는 것, 존재[有]와 비존재[無]를 잘 변별하는 것이 가장 중요하다.

여기서 한발 더 나아가 없는 것 그 자체를 표현할 때는 '~에 대해 공하다'라는 특별한 표현법을 사용한다. 이것은 산스크리트나 팔리어에서 '~이 없이'라는 표현을 사용할 때는, 항상 '~에 대하여/~라는 측면에서'라는 도구격(-ena)을 동반하여 표현하는 방식과 같다. 예를 들어 공성을 설하는 초기 경전으로 유명한 《소공경小空經》에서는 붓다가 자주 설법한 사위성의 녹모 강당에 비구가 없는 것을 표현할 때, "녹모 강당이 비구에 대해 공하다"고 한다. 이때 공한 것은 '녹모 강당'이지만, 없는 것은 '비구'이다. 그리고 녹모 강당은 있는 것이다. 이 말은 '녹모 강당에 비구가 없다'고 바꾸어 표현할 수 있다. 이와 같이 공의 일상적 용법은 어떤 '장소'에 어떤 '사물'이 없을 때 그 장소를 형용하는 것이다.

비어 있는 장소나 공간을 가리키는 공이라는 말은 초기불교의 무아설과 관련해서도 사용된다. 《상윳타니카야》에서 "세간 사람은 자아나 자아에 속한 것에 대해 공하다suññaṃ attena vā attaniyena vā"고 하거나, 좀 더 분석적으로는 "안근 내지 의식, 곧 18계는 자아나 자아에 속한 것에 대해 공하다"고 하는 것이다. 이 구절을 앞서 본 공이라는 단어의 일상적 용법에 비추어 보면 존재와 비존재, 있는 것과 없는 것이 쉽게 드러난다. 먼저 없는 것은 '~에 대해 공하다'라는 방식으로 표현된 '자아 혹은 자아에 속한 것'이다. 반면 있는 것은 '세간 사람'이다. 세간 사람이 공하다고 표현하지만 실제로 없는 것은 자아이고 세간 사람은 있는 것이다. 이것은 임시적 존재로서 세간 사람은 존재하는 것이지만, 실체적 존재로서 자아는 존재하지 않는 것이라는 무아설의 요체를 간결하게 표현한 것이다.

반야경의 공사상은 초기불교의 무아설을 모든 사물에 무제한적으로 확장시켜 적용한 급진적인 사상이다. 실제로 최초기 반야경인 《팔천송반야》 가운데서도 가장 성립이 빠르다고 알려진 〈일체종지행품〉에 등장하는 "색·수·상·행·식은 공하다"는 표현은 문맥상 5온의 비존재를 의미하고 있다. 하지만, 문맥을 고려하지 않고, 이 구절을 위에서 본 초기경전에 나타난 공이라는 단어의 용법을 적용시킨다면 반드시 5온의 비존재를 의미하는 구절이라고 하기에는 모호한 부분이 있다. '색·수·상·행·식은 (자아나 자아에 속한 것에 대해) 공하다'는 방식의 이해가 얼마든지 가능하기 때문이다. 아마도 《팔천송반야》의 작자는 초기경전에 나타나는 이 구절을 그대로 가져옴으로써 자신들의 급진적 사상의 이질성을 상쇄하고 초기경전과의 연속성을 확보하고자 했었던 것인지도 모른다. 동일한 문장을 가져오되 해석을 달리하는 것은 불교사상사에 새로운 사상을 도입할 때 흔히 보이는 방식이기 때문이다.

조금 후대에 이러한 모호함을 해소하고 모든 사물의 실체적 비존재성을 명료히 나타내기 위해 《이만오천송반야》에서는 "A

는 A 그 자체/자성에 대해 공하다"라는 표현 방식을 사용한다. 예를 들어 "색은 색 그 자체/자성에 대해 공하다"고 하는 것이다. 이때 자체 혹은 자성이란 어떤 사물을 그 사물이게끔 하는 본질/본성의 의미로서 일반적으로는 실체로 간주되는 것이다. 여기서 비로소 공이라는 말이 A에 B가 없다는 것을 의미하는 것이 아니라 A에 A 자체가 없다는 의미로 사용된다. 자성공(自性空, svabhāva-śūnya) 사상이 명료히 등장하는 장면이다. 티베트 불교에서 말하는 자공은 바로 이 반야경의 자성공 사상을 가리킨다. 이에 대해 타공이란 초기경전에 나타나듯이 A에 B가 없다는 공사상을 의미한다.

유가행파는 중관학파의 공사상을 비판하고 공사상을 새롭게 해석한다. 우선 유가행파는 잘못 이해한 공성[惡取空]과 잘 이해한 공성[善取空]을 구분한다. 잘못 이해한 공성이란 A에 B가 없을 때, B만 없다고 하는 것이 아니라 A도 없다고 하는 것이다. 이는 모든 것의 존재를 부정하는 허무론으로서 사실상 중관학파의 공사상을 에둘러 비판하는 것이다. 이에 대해 잘 이해한 공성이란 A에 B가 없을 때, B는 없다고 하지만 A는 있다고 인정하는 것이다. 나아가 A에 C가 남아 있을 경우, 그 C 또한 있다고 인정하는 것이다. 유가행파는 이러한 공사상의 전거로 초기경전인 《소공경》을 제시한다. 유가행파의 공사상이 초기경전의 공사상에 좀 더 충실한 것을 알 수 있다.《소공경》의 공사상과 유가행파 공사상의 차이는 전자의 경우는 B와 C가 별개의 사물이지만, 후자의 경우는 B의 비존재가 존재하는 상태를 C라고 보는 점이다. 유가행파의 공사상에서 궁극적인 공성은 이와 같은 비존재의 존재성이다. 이와 같이 잘 이해한 공성의 세 계기가 유가행파의 공사상인 3성설性說로 확립된다. 곧 장소에 해당하는 A는 다른 것에 의존하는 자성[依他起性], 사물에 해당하는 B는 상상된 자성[遍計所執性], 남아 있는 것이 완성되어 있는 자성[圓成實性]이 되는 것이다. 이것은 단순히 어떤 현상에 실체가 없다는 것만을 의미하는 중관사상의 공사상과는 달리, 그러한 실체의 비존재의 존재를 인정하는 사고 방식이다. 그리고 이러한 공사상이 티베트불교의 분류법으로는 타공설에 가까운 것도 명확하다.

무엇보다 이러한 타공적 이해 방식은 여래장사상을 올바로 이해하는 데 도움을 준다.《보성론寶性論》에 인용되어 산스크리트 원문이 확인 가능한《승만경勝鬘經》의 한 구절은 여래장의 공空과 불공不空을 다음과 같이 설한다. "여래장은 분리되어 있고 지혜와 떨어진 모든 번뇌의 창고에 대해서는 공입니다. 갠지스강의 모래알보다 많은 분리되어 있지 않고 지혜와 떨어지지 않은 불가사의한 붓다의 속성에 대해서는 불공입니다." 이 경문의 요점은 '여래장(A)에는 번뇌(B)는 없지만 붓다의 속성 (C)은 남아 있다'는 것이다. 공이라는 말이 여래장을 서술하고 있지만, 없는 것은 번뇌이지 여래장은 존재하는 것이다. 그리고 남아 있는 붓다의 속성 또한 있는 것이다.

이와 같은 공에 대한 이해는 무엇이 있는지 없는지 명확히 하는 데서 출발하는 것이다. 이 책의 본문에서도 언급하듯이,《중론》이 인용하는 초기경전인《카티야야나에 대한 가르침》이 유와 무에 대한 바른 변별을 정견正見이라 하는 것은 이러한 의미다. 이 책에서 공을 상대성이라고 하는 것도 현상에 실체적 본질이 없다는 것을 명확히 한 후에야 말할 수 있는 것임을 잊지 않아야 할 것이다.

이 책의 개역본을 출간하는 과정에서 전무규 박사님의 노고를 빠뜨릴 수 없다. 전무규 박사님은 역자의 번역본을 검토하고 초보자에게도 친절한 책이 될 수 있도록 여러 가지 유익한 조언을 아끼지 않았다. 원서에는 없는 역자 주를 추가하여 좀 더 문턱을 낮추고자 한 것이 그중 하나이다. 이 책이 나오기까지 많은 도움을 주고 수고해주신 김영사에도 깊은 감사를 드린다.

2024년 1월 계룡산 자락 금강대 연구실에서

참고문헌

이 원고는 원래 일련의 강의를 위해 준비된 것입니다. 출판을 위해 가
필과 교정을 했지만 구어의 느낌을 유지하고 주석을 전부 생략했습
니다. 그러나 강연 준비와 원고 정리를 하면서 많은 분들의 저서와 논
문에 빚진 바가 많습니다. 이하에 직접 참고한 여러 학자의 업적을 참
고문헌으로 열거하여 감사의 마음을 나타내고 싶습니다(다만 대장경,
원전 교정, 색인류는 제외합니다. 저의 저서도 포함되어 있습니다).

　＊한국 독자의 편의를 위해 본 개역본에서는 본서의 초판《空入門》(春秋社, 1992)에 있는
　　참고문헌을 다시 실었다.

中村元,《原始佛教の思想》上(舊版 中村元選集 13), 春秋社, 1970.
中村元 譯,《ブッダのことば》(スッタニパータ), 岩波文庫, 1984.
K. R. Norman, tr., *The Rhinoceros Horn, and other early Buddhist poems*
　　(*Suttanipāta*), The Pali Test Society, London, 1985.
荒牧典俊・榎本文雄・藤田宏達・本庄良文 譯,《ブッダの詩 1》(原始佛典 7),
　　講談社出版研究所, 1986.
櫻部建・上山春平,《存在の分析〈アビダルマ〉》(佛教の思想 2), 角川書店,
　　1969.
山口益・舟橋一哉,《俱舍論の原典解明・世間品》, 法藏館, 1955.

梶山雄一, 《般若經》, 中公新書, 1976.

梶山雄一·丹治昭義 譯, 《八千頌般若經》(大乘佛典〈インド篇〉2·3), 中央公論社, 1974.

長尾雅人·丹治昭義 譯, 《維摩經·首楞嚴三昧經》(大乘佛典〈インド篇〉7), 中央公論社, 1974.

三枝充悳, 《中論偈頌總覽》, 第三文明社, 1985.

奧住毅, 《中論註釋書の研究-チャンドラキールティ〈プラサンナパダー〉和譯》, 大藏出版, 1988.

本多惠, 《チャンドラキールティ中論註和譯》, 國書刊行會, 1988.

丹治昭義 譯註, 《中論釋·明らかなことば 1》(關西大學東西學術研究所譯註シリーズ 4), 關西大學出版部, 1988.

梶山雄一·上山春平, 《空の論理〈中觀〉》(佛教の思想 3), 角川書店, 1969.

梶山雄一·瓜生津隆眞 譯, 《龍樹論集》(大乘佛典〈インド篇〉14), 中央公論社, 新訂版 1980.

梶山雄一, 《空の思想-佛教における言葉と沈默》, 人文書院, 1983.

立川武藏, 《空の構造》(レグルス文庫), 第三文明社, 1986.

C. Tripāṭhī, *Fünfundzwanzig Sūtras des Nidānasaṃyukta*(*Sanskrittexte aus den Turfanfunden VIII*), Berlin, 1962.

村上眞完, 〈サンスリット本城邑經(nagara)-十支緣起と十二緣起(その1)〉, 《佛教研究》第3號, 1973.

吹田隆道, 〈梵文大本經緣起說の復元について〉, 《佛敎史學硏究》第24卷 第2號, 1982.

荒牧典俊 譯, 《十地經》(大乘佛典〈インド篇〉8), 中央公論社, 1974.

梶山雄一, 〈中觀派の十二支緣起解釋〉(《佛教思想史》3), 平樂寺書店, 1980.

西谷啓治, 《宗敎とは何か》, 創文社, 1961.

スタディーズ空